Maßstab 6
Mathematik · Hauptschule

Herausgegeben von

Max Schröder

Bernd Wurl

Alexander Wynands

Schroedel

Maßstab 6
Mathematik · Hauptschule

Herausgegeben und bearbeitet von

Jost Baier, Kerstin Cohrs-Streloke, Anette Lessmann, Hartmut Lunze, Monika Mattern, Ludwig Mayer, Peter Ploszynski, Jürgen Ruschitz, Dr. Max Schröder, Christa Spring, Prof. Bernd Wurl, Prof. Dr. Alexander Wynands

in Zusammenarbeit mit der Verlagsredaktion

Zum Schülerband erscheint:

Materialienband: Best.-Nr. 84012
Lösungsheft: Best.-Nr. 84042
Arbeitsheft: Best.-Nr. 84009

Bildquellenverzeichnis:

Imagine – Sonderegger, Hamburg: Umschlagfoto;
Dieter Rixe, Braunschweig: S. 14 (3), 19 (4), 21, 24 (Münze), 26 (2), 30, 38 (4, Karate, Äpfel, Eier), 39 (Zapfsäule), 41, 44, 49, 53 (7), 54, 55, 58 (3), 64, 64 (4, Blüte, Windrad, Deckchen, Gesicht), 65, 69 (3), 74 (2), 75, 77, 80, 83, 85, 87, 88, 89, 91, 94, 95 (3), 108, 117 (2), 123, 129 (2); astrofoto, Leichlingen: S. 6 (Erdaufgang über dem Mond), 11 (Erde), 13 (Hintergrundbild); Imagine-PBY, Hamburg: S. 6 (Brücke mit Läufern); Sven Simon, Essen: S. 16 (2), 57; Guinnes Book of Records 1992 or 1993: S. 17 (Schokoladenschiff); Guinnes Book of Records 1991 or 1992: S. 17 (Wassermelone); Greiner + Meyer, Braunschweig: S. 17 (Nashornkäfer); dpa, Frankfurt: S. 24 (Olympiaflagge); Falk-Verlag AG, Hamburg, 40. Auflage: S. 28; Peter Güttler: S. 35 (Karte Ijsselmeer); Morris/Goscinny: Lucky Luke, Band 21: Vetternwirtschaft. © DELTA Verlagsgesellschaft mbH, Stuttgart 1996. Übers. aus dem Französ.: Gudrun Penndorf M.A. Deutsche Textbearbeitung: Adolf Kabatek. © DARGAUD EDITEUR S.A., Paris 1977: S. 47; Imagine-Flury, Hamburg: S. 59; Bayerischer Schwimmverband, Ch. Pogadl: S. 64 (Synchronschwimmerinnen, Donaunixen); Imagine-Hoa Qui, Hamburg (Mailänder Dom): S. 66; Zefa-Index Stock, Düsseldorf: S. 66 (Flugzeug); Greiner + Meyer-Greiner, Braunschweig: S. 66 (Blüte); Bavaria, Gauting: S. 88/89 (Hintergrund); © 1998 M. C. Escher/Cordon Art-Baarn-Holland: S. 95 (Wasserfall); Alexander Wynands: S. 116 (Messbecher); Greiner + Meyer, Braunschweig: S. 121 (Meerschweinchen).

Trotz entsprechender Bemühungen ist es nicht in allen Fällen gelungen, den Rechtsinhaber ausfindig zu machen. Gegen Nachweis der Rechte zahlt der Verlag für die Abdruckerlaubnis die gesetzlich geschuldete Vergütung.

ISBN 3-507-**84032**-4

© 1998 Bildungshaus Schulbuchverlage
Westermann Schroedel Diesterweg Schöningh Winklers GmbH, Braunschweig
www.schroedel.de

Das Werk und seine Teile sind urheberrechtlich geschützt. Jede Nutzung in anderen als den gesetzlich zugelassenen Fällen bedarf der vorherigen schriftlichen Einwilligung des Verlages. Hinweis zu § 52 a UrhG: Weder das Werk noch seine Teile dürfen ohne eine solche Einwilligung gescannt und in ein Netzwerk eingestellt werden. Dies gilt auch für Intranets von Schulen und sonstigen Bildungseinrichtungen.

Druck A $^{9\,8\,7\,6\,5}$ / Jahr 08 07 06 05 04

Alle Drucke der Serie A sind im Unterricht parallel verwendbar. Die letzte Zahl bezeichnet das Jahr dieses Druckes.

Illustrationen: Hans-Jürgen Feldhaus (Leitfiguren), Klaus Puth (Kapitel 5-8)
Zeichnungen: Michael Wojczak
Satz-Repro: More*Media* GmbH, Dortmund
Druck und Bindung: westermann druck GmbH, Braunschweig

Hinweise

Merksätze

Merksätze stehen auf einem blauen Hintergrund und sind folgendermaßen gekennzeichnet:

Beispiele

Musterbeispiele als Lösungshilfen stehen auf einem blauen Hintergrund und sind folgendermaßen gekennzeichnet:

Testen, Üben, Vergleichen (TÜV)

Jedes Kapitel endet mit 1 bis 2 Seiten TÜV, bestehend aus den wichtigsten Ergebnissen und typischen Aufgaben dazu. Die Lösungen dieser Aufgaben sind zur Selbstkontrolle für die Schülerinnen und Schüler am Ende des Buches angegeben.

Projekte/Themenseiten

Projekt- bzw. Themenseiten sind im Buch besonders gekennzeichnet:

Differenzierung

Besonders schwierige Aufgaben sind durch einen roten Kreis um die Aufgabennummer gekennzeichnet:

Knobelaufgaben sind ebenfalls besonders gekennzeichnet:

Leitfiguren

Durch das Buch führen zwei Leitfiguren: die Null und die Eins.
Sie können die Aufgabe stellen oder geben nützliche Tipps und Hilfen.

Inhaltsverzeichnis

1 Zahlen und Größen — 6

Kopfrechnen	8
Runden und Überschlag	9
Große Zahlen	10
Große Zahlen am Zahlenstrahl	12
Unterwegs im Sonnensystem	13
Rechnen mit Größen	14
Sport	16
Merkwürdige Rekorde	17
Teiler und Vielfache	18
Teilbarkeitsregel	19
Primzahlen	20
Testen, Üben, Vergleichen	22

2 Kreise und Winkel — 24

Kreis	26
Die verschollene Expedition	29
Winkel	30
Winkelarten	31
Winkel messen mit dem Geodreieck	32
Zeichnen und Messen	33
Segeltörn auf dem Ijsselmeer	35
Testen, Üben, Vergleichen	36

3 Brüche und Dezimalbrüche (1) — 38

Stammbrüche	40
Rechnen mit Stammbrüchen	41
Bruchteile vom Ganzen	42
Bruchteile auf dem Nagelbrett	44
Berechnen von Bruchteilen	46
Brüche größer als ein Ganzes	47
Addition und Subtraktion bei gleichem Nenner	48
Dezimalbrüche	52
Stellenwerttafel	53
Ordnen von Dezimalbrüchen	54
Runden von Dezimalbrüchen	55
Addition und Subtraktion von Dezimalbrüchen	56
Schriftlich Addieren und Subtrahieren	57
Sportfest	60
Testen, Üben, Vergleichen	62

4 Symmetrie — 64

Achsensymmetrie	66
Falten und Schneiden	68
Drehsymmetrische Figuren	69
Streifenmuster – Verschiebungen	71
Testen, Üben, Vergleichen	73

5 Brüche und Dezimalbrüche (2) — 74

- Multiplikation mit einer natürlichen Zahl — 76
- Division durch eine natürliche Zahl — 78
- Dezimalbrüche – Multiplikation mit einer natürlichen Zahl — 82
- Schriftliche Multiplikation — 83
- Division durch eine natürliche Zahl — 84
- Vom Bruch zum Dezimalbruch — 86
- Mittelwert — 87
- Der neue Schulgarten — 88
- Prozentschreibweise — 90
- Rechnen mit Prozenten — 91
- Testen, Üben, Vergleichen — 92

6 Körper — 94

- Schrägbilder — 96
- Würfel- und Quadernetze — 98
- Spitze Schachteln — 100
- Testen, Üben, Vergleichen — 101

7 Brüche und Dezimalbrüche (3) — 102

- Verfeinern und Vergröbern von Unterteilungen — 104
- Erweitern und Kürzen — 105
- Brüche, Dezimalbrüche und Prozentschreibweise — 107
- Vergleichen von Brüchen — 108
- Addition und Subtraktion — 109
- Vorteilhaft rechnen — 111
- Rund ums Glücksrad — 112
- Testen, Üben, Vergleichen — 114

8 Flächeninhalt und Volumen — 116

- Flächeninhalt des Rechtecks — 118
- Umfang des Rechtecks — 119
- Rechnen mit verschiedenen Maßeinheiten — 120
- Eine Hütte für Meerschweinchen — 121
- Volumen messen und vergleichen — 122
- Volumen von Quadern — 123
- Oberfläche und Volumen von Quadern — 124
- Volumenmaße — 126
- Kubikmeter — 127
- Liter, Milliliter und Hektoliter — 129
- Ein Aquarium für den Klassenraum — 130
- Testen, Üben, Vergleichen — 132

Die Lösungen der TÜV-Seiten — 134

Stichwortverzeichnis — 143

Maßeinheiten — 144

1 Zahlen und Größen

1 Zahlen und Größen

1 Zahlen und Größen

Kopfrechnen

1. Ordne die Ergebnisse nach der Größe. Du erhältst dann ein Lösungswort.

a)
- 340 + 80   N
- 680 + 90   A
- 4 300 + 100   T
- 620 + 70   N
- 560 + 80   E
- 560 + 100   N

b)
- 780 − 90   D
- 270 − 80   N
- 430 − 70   K
- 740 − 80   E
- 340 − 90   E
- 580 − 100   N

2. Rechne im Kopf aus.

a) 420 + 180
    240 + 260

b) 570 + 210
    900 − 210

c) 1 240 + 320
    2 460 − 240

d) 3 450 + 250
    2 890 − 730

e) 12 400 − 450
    15 900 + 1 900

3. Welche Zahl spuckt die Rechenschlange aus?

a) 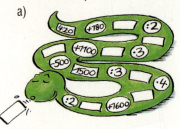 b)  c)

4. Eine Aufgabe ist schon ausgerechnet.

a) 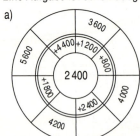 b) 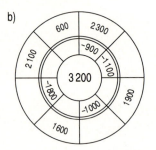 c)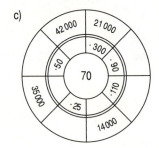

5. Mit dem Ergebnis musst du in der nächsten Zeile weiterrechnen. Übertrage ins Heft.

a) 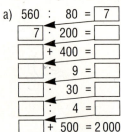 b) 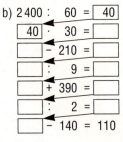 c) 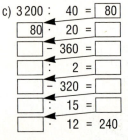 d)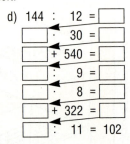

6. Rechne wie im Beispiel.

a) 3 000 : 50
    30 000 : 50
    300 000 : 50

b) 7 200 : 80
    72 000 : 80
    720 000 : 80

c) 42 000 : 70
    42 000 : 700
    42 000 : 7 000

d) 56 000 : 800
    56 000 : 8 000

e) 63 000 : 70
    6 300 : 7
    6 300 : 700

f) 540 000 : 900
    54 000 : 90
    54 000 : 9 000

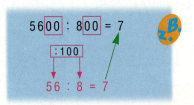

1 Zahlen und Größen

Runden und Überschlag

 Wenn man schnell ein Rechenergebnis braucht, das nicht ganz genau sein muss, rechnet man mit einem **Überschlag**. Bis Ziffer 4 wird abgerundet, ab 5 wird aufgerundet.

1. Runde auf volle €.
   3,85 € ≈ 4 €
   12,47 € ≈ 12 €

2. Runde auf volle 10 m.
   47,36 m ≈ 50 m
   73,84 m ≈ 70 m

3. Runde auf volle 100 kg.
   1 247 kg ≈ 1 200 kg
   982 kg ≈ 1 000 kg

Aufgaben

1. Runde die Geldbeträge auf volle €.
   a) 32,59 €   b) 19,89 €   c) 19,49 €   d) 134,43 €   e) 189,57 €   f) 19,50 €

2. Runde auf volle 10 m.
   a) 74,83 m   b) 82,46 m   c) 49,88 m   d) 246,34 m   e) 324,89 m   f) 496,38 m

3. Familie Schmitz aus Köln fährt mit dem Auto in den Urlaub nach Barcelona: am 1. Tag 417 km, am 2. Tag 496 km und am 3. Tag 477 km. Mit einem Überschlag kannst du entscheiden, ob Köln mehr oder weniger als 1 500 km von Barcelona entfernt ist.

4. Ein Fahrstuhl hat eine Höchstlast von 500 kg. Ein Fahrer lädt aus seinem Lkw 6 Kartons zu je 69 kg in den Lift. Er selbst wiegt 76 kg. Kann er alle Kartons mitnehmen? Mache einen Überschlag.

5. Der Schulweg von Elena und Steffen führt über eine stark befahrene Straße. Während der Schulzeit werden die Autos gezählt: Mo. 1 247 Autos, Di. 1 329 Autos, Mi. 1 473 Autos, Do. 1 448 Autos, Fr. 1 512 Autos. Überschlage die Summe. Runde dazu auf volle Hundert.

6. Deborah träumt von einer kompletten Fußballausrüstung. Ihre Oma sagt, dass sie nicht mehr als 100 € kosten soll. Runde die Preise auf ganze 10 €. Kann sie alle Teile kaufen?

7. Die Waren im Einkaufskorb von Familie Merker haben folgende Preise: 1,99 €; 2,48 €; 7,49 €; 12,79 € und 8,73 €. Überschlage die Summe.

1 Zahlen und Größen

Große Zahlen

1 Milliarde = 1 000 Millionen
1 Billion = 1 000 Milliarden

1 Mrd. = 1 000 000 000
1 Bio. = 1 000 000 000 000

	Billion			Milliarde			Million			Tausend				
	H	Z	E	H	Z	E	H	Z	E	H	Z	E	H	Z	E
			2	7	3	1	7	0	1	6	3	0	0	0	0

·1000 ·1000 ·1000 ·1000

Dreiergruppen (hinten beginnen)   in Einheiten (Bio., Mrd., Mio.) und Worten
27317016300000 = 27 317 016 300 000 = 27 Bio. 317 Mrd. 16 Mio. Dreihunderttausend

Aufgaben

1. Schreibe die Zahlen vom Display in dein Heft, bilde dabei Dreiergruppen. Notiere die Zahlen anschließend in Einheiten und Worten wie im Beispiel.

   a) 763 185000000   b) 42 183740000000   c) 18947725000000

   983056000000   78294520000000   34847752000000

2. a) Wie hoch ist ein Turm aus 1 000 Euromünzen?
   b) Wie hoch ist ein Turm aus 1 Million Euromünzen?
   c) Wie viele Euromünzen braucht man für einen Turm, der so hoch wie die Zugspitze ist (ca. 3 000 m)?
   d) Wie hoch ist ein Turm aus 1 Milliarde Euromünzen?
   e) Mond und Erde sind 384 000 km voneinander entfernt. Reicht ein Turm aus 1 Billion Euromünzen aus, um die Entfernung zu überbrücken?

3. In einem Interview sagte Minister B.: „Eine Milliarde hat sieben Nullen." Stimmt das?

4. Ein bekannter Autorennfahrer erhält von seinem Rennstall eine siebenstellige Jahresgage (Euro). Schreibe den kleinstmöglichen und den größtmöglichen siebenstelligen €-Betrag auf.

5. Onkel Dagobert will bei seiner Bank in Entenhausen 1 Milliarde € in 100-€-Scheinen abheben. (Ein 100-€-Schein wiegt etwa 1 g.) Er will sein Geld mit einem Kleintransporter (5 t Nutzlast) abholen.

1 Zahlen und Größen

6. Ein Fußballprofi in Spanien erhält in den nächsten fünf Jahren eine achtstellige Gage (in Euro).
 a) Wie groß ist der kleinste achtstellige €-Betrag? b) Wie groß ist der größte achtstellige €-Betrag?

7. Donald wäre gern so reich wie Onkel Dagobert. Er wünscht sich, dass er 50-mal im Jahr einen Haupttreffer im Lotto hat (1 Million Taler) und dass dieses Glück 10 Jahre andauert. Ist Donald nach dieser Glückssträhne Milliardär?

8. Jeder der rund 80 Mio. Bundesbürger produziert pro Jahr ungefähr 360 kg Müll. Wie viel kg Müll fallen in Deutschland jährlich an? Wie viele Lkws mit einem Fassungsvermögen von 10 000 kg braucht man, um den jährlichen Abfall in Deutschland abzutransportieren?

9. An der Pinnwand hängen viele Zahlen. Zeichne eine Stellenwerttafel und trage ein.

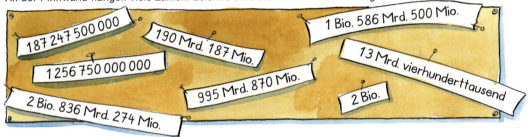

187 247 500 000
1 Bio. 586 Mrd. 500 Mio.
190 Mrd. 187 Mio.
1 256 750 000 000
13 Mrd. vierhunderttausend
995 Mrd. 870 Mio.
2 Bio.
2 Bio. 836 Mrd. 274 Mio.

10. Runde auf ganze Milliarden.
 a) 12 756 000 000   b) 42 399 000 000   c) 53 512 000 000
    23 483 000 000   37 702 000 000   29 834 000 000
     7 506 348 000   141 907 630 000   13 099 980 000

11. Runde auf ganze Billionen.
 a) 5 628 000 000 000 b) 7 527 000 000 000 c) 3 514 299 000 000
    2 496 000 000 000   6 429 127 000 000   8 349 673 000 000
   17 806 345 000 000   9 189 562 370 000   944 367 541 000

12. Wenn du 200 10-Cent-Münzen aneinander legst, so ist die Kette etwa 4 m lang.

 a) Die Erde hat einen Umfang von etwa 40 000 km. Wie viele 10-Cent-Münzen braucht man für eine Kette rund um die Erde? Gib den Wert dieser Kette in € an.
 b) Eine Kette zum Mond müsste 384 000 km lang sein. Reichen dafür 10-Cent-Münzen im Wert von einer Milliarde Euro aus? Runde die Entfernung Erde – Mond auf volle Hunderttausend.

13. Bei Demonstrationen bilden Menschen manchmal Menschenketten. Es soll immer im Abstand von einem Meter ein Mensch stehen. In Deutschland leben etwa 80 Millionen Menschen. Könnten sie alle gemeinsam eine Kette um die Erdkugel bilden?

14. Ein Tag hat 86 400 Sekunden (60 · 60 · 24). Runde diese Zahl und begründe, ob ein Jahr mehr oder weniger als 10 Millionen Sekunden hat.

15. Onkel Erwin feiert gerade seinen 42. Geburtstag. Wie viele Sekunden ist er alt?
 10 Milliarden s   *oder*   500 Millionen s   *oder*   1 Mrd. 300 Mio. s   *oder*   3 Mrd. 200 Mio. s

1 Zahlen und Größen

Große Zahlen am Zahlenstrahl

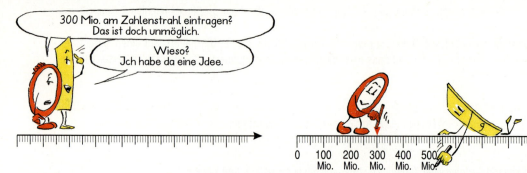

 Um große Zahlen am Zahlenstrahl darzustellen, muss man die Einheit geeignet wählen.
Beispiel: 1 cm für 10 Mio. oder 1 cm für 100 Mio. oder ...

Aufgaben

1. Ordne den Buchstaben die Zahlen zu.

   a) 370 Mio. 210 Mio. 510 Mio. 740 Mio. 850 Mio.

   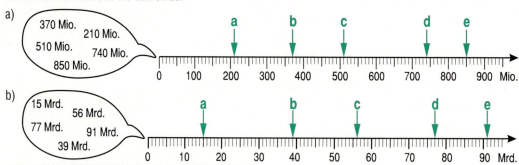

   b) 15 Mrd. 56 Mrd. 77 Mrd. 91 Mrd. 39 Mrd.

2. Zeichne einen geeigneten Zahlenstrahl in dein Heft und trage die folgenden Zahlen ein.
   a) 45 000 000   b) 63 000 000   c) 7 000 000   d) 29 000 000   e) 84 000 000

3. Große Zahlen kann man auch als Säulen darstellen. Notiere die Einwohnerzahlen der Länder im Heft.

   F : Frankreich
   D : Deutschland
   I : Italien
   NL : Niederlande
   DK : Dänemark
   A : Österreich
   GB : Großbritannien

   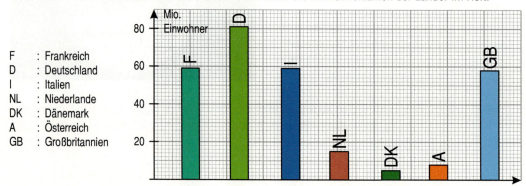

4. Stelle die Einwohnerzahlen der Städte als Säulen dar. Wähle einen geeigneten Maßstab. Runde zuerst auf Zehntausender. Aachen 255 000, Bonn 313 000, Dortmund 606 000, Düsseldorf 572 000, Frankfurt 654 000, Köln 1 007 000, Leverkusen 161 000, Mannheim 324 000.

Unterwegs im Sonnensystem

1 Zahlen und Größen

Unterwegs im Sonnensystem

Mittlere Entfernungen

Sonne – Merkur	58 Mio. km
Sonne – Venus	109 Mio. km
Sonne – Erde	150 Mio. km
Sonne – Mars	227 Mio. km
Sonne – Jupiter	778 Mio. km
Sonne – Saturn	1 428 Mio. km
Sonne – Neptun	4 498 Mio. km
Sonne – Pluto	5 910 Mio. km

Vergleiche:

Höchste Berge
Erde: Mount Everest 9 000 m
Mars: Olympos 27 km

Erdjahr 365 T
Marsjahr 687 T

Flugdauer
Erde – Mond 1 Woche
Erde – Mars 1 600 Tage

1. Das Licht legt in einer Sekunde 300 000 km zurück. Wie lange braucht es etwa von der Erde zum Mond? Wie lange ist es von der Sonne bis zu den einzelnen Planeten unterwegs?

Neptun

Uranus

Saturn

Jupiter

2. Der Abstand Sonne – Erde wird als Astronomische Einheit (AE) bezeichnet. Gib die Abstände der anderen Planeten von der Sonne gerundet in AE an, z. B. Abstand Sonne – Merkur: ca $\frac{1}{3}$ AE.

Mars

Erde Mond Erde – Mond Entfernung 380 000 km

Venus

Merkur

Sonne

1 Zahlen und Größen

Rechnen mit Größen

Beim Umrechnen in eine kleinere Einheit kann ein Komma vermieden werden. **4,8 cm : 3** = 48 mm : 3 = 16 mm = **1,6 cm**

Aufgaben

1. Rechne wie im Beispiel um, t in kg und kg in g.

   a) 3,5 t   b) 12,75 t   c) 24,3 kg   d) 23,73 kg
      7,4 t   1,275 t   78,6 kg   56,842 kg
      0,6 t   0,583 t   0,87 kg   7,07 kg

   z.B.
   1 t = 1000 kg   4,7 t = 4 700 kg
                     0,85 t =   850 kg
   1 kg = 1000 g   13 kg = 13 000 g
                     1,62 kg = 1 620 g

2. Rechne um, km in m und m in cm.

   a) 5,4 km   b) 44,25 km   c) 23,7 m   d) 39,74 m
      12,3 km   32,183 km   0,85 m   40,58 m
      0,4 km   124,8 km   78,65 m   4,04 m

   z.B.
   1 km = 1000 m   5,2 km = 5 200 m
                     0,7 km =   700 m
   1 m = 100 cm   5,05 m =   505 cm
                     0,5 m =   50 cm

3. Familie Wagner plant eine Reise. Ihr Auto darf höchstens mit 0,4 t beladen werden. Die Insassen wiegen: 74 kg, 82 kg, 69 kg, 47 kg. Hinzu kommen 53 kg Gepäck. Überschlage zuerst, dann rechne genau.

4. Martina hat einen Hund. Er frisst an jedem Tag eine Dose Hundefutter. Pro Woche nimmt der Hund 3,36 kg Dosenfutter zu sich. Wie viel Gramm enthält eine Dose?

5. Berechne die Entfernungen
   a) von A über E nach D,
   b) von A über C und D nach F,
   c) von C über E nach F,
   d) von A über E und F nach D.

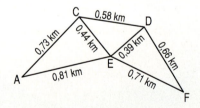

6. Rechne die angegebenen Preise in Euro um. (1 Euro ≈ 2 DM)

1 Zahlen und Größen

7. Petra hat für Katzenfutter im Monat (30 Tage) 53,70 € ausgegeben. Was kostet eine Tagesportion und wie hoch sind die Futterkosten im Jahr?

8. Übertrage die Tabelle in dein Heft und berechne die fehlenden Werte.

Schokoriegel	1	2	3	4	5	8	10	20	40
Preis							7,50 €		

9.
a) Wie viel kostet eine einzelne Flasche Apfelsaft?
b) Was kostet der Einzelbecher Jogurt?
c) Sven kauft 9 Becher Jogurt. Was muss er bezahlen?
d) Meike kauft einen Kasten Apfelsaft und 6 Becher Jogurt. Wie viel € bezahlt Meike?

10. In Dänemark wird mit dänischen Kronen bezahlt (7 dKr ≈ 1 €). Kerstin bezahlt dort im Urlaub für den Eintritt in das Freizeitbad 63 dKr. Rechne den Eintrittspreis in € um.

11. Auf dem Wochenmarkt in Athen entdeckt Axel bei den Jeans seine Lieblingsmarke. Der Händler verlangt 11 580 griechische Drachmen. Rechne den Preis in € um (1 000 griechische Drachmen ≈ 3 €).

12. Aus einer Speisekarte in Kopenhagen: Schnitzel 120 dKr/18 €. In welcher Währung würdest du bezahlen?

13.
a) Wie lange ist der ICE 791 von Hamburg nach Köln unterwegs?
b) Ermittle die Fahrzeit des D 232.
c) Wie lange ist der EC 29 unterwegs?
d) Vergleiche die Fahrzeiten der drei Zugarten.

14. Berechne die Zeitdauer.
a) Von 12.45 Uhr bis 14.55 Uhr
b) Von 9.53 Uhr bis 11.52 Uhr
c) Von 19.30 Uhr bis 21.45 Uhr
d) Von 23.40 Uhr bis 0.50 Uhr

15. Ein Spielfilm wird von 19.30 Uhr bis 22.25 Uhr gesendet. Passt der ganze Film auf eine Videokassette mit 180 Minuten Aufnahmedauer?

16. Petra und Markus holen die Großmutter am Bahnhof ab. Der Zug hat Verspätung.
a) Zu welcher Uhrzeit soll die Oma eintreffen?
b) Wie lange müssen sie noch warten?

17. Anke besucht seit dem Schuljahresbeginn eine neue Schule. Dort beginnt der Unterricht um 7.40 Uhr. Berechne die Anfangszeiten bis zur sechsten Stunde am Morgen. Jede Unterrichtsstunde dauert 45 min, dazwischen liegen abwechselnd 5-min-Pausen und 20-min-Pausen.

18. Man soll sich 3-mal am Tag die Zähne putzen. Jeder Putzvorgang sollte mindestens 3 min dauern. Wie viele Stunden sind das in einem Jahr?

Sport

1 Zahlen und Größen

Sport

1.

DIE TOPVERDIENER 1996	
1. B. Becker	6 680 000 DM
2. P. Sampras	5 701 000 DM
3. J. Kafelnikow	5 179 000 DM
4. G. Ivanisevic	4 630 000 DM
5. T. Muster	4 427 000 DM
6. M. Chang	3 103 000 DM
7. R. Krajicek	2 866 000 DM
8. T. Enqvist	2 569 000 DM
9. A. Agassi	2 508 000 DM
10. M. Woodforde	2 051 000 DM

In der Tabelle stehen die Tennisspieler, die 1996 die höchsten Preisgelder verdienten. Addiere die Beträge und schreibe das Ergebnis in Worten.

2. 1988 bekam Boxweltmeister Mike Tyson für seinen K.o.-Sieg über Michael Spinks 22 Millionen Dollar. Der Kampf dauerte nur 91 Sekunden. Überschlage, welchen Verdienst Mike Tyson in einer Sekunde hatte.

3. Ein Tennisplatz soll angelegt werden. Wie lang sind die Linien, die für das Einzelspiel eingerichtet werden müssen? Welche Streckenlänge kommt für das Doppelspiel hinzu? Wie lang sind alle Linien zusammen?

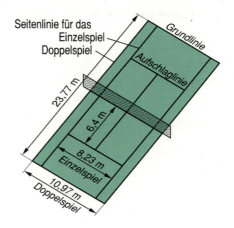

4. Raymond Hubbard lief zwischen dem 16. und 18. April 1988 dreimal die Marathonstrecke (42,195 km). In Belfast lief er 2 h 45 min 55 s, in London 2 h 48 min 45 s und nach einem Flug in die USA in Boston 2 h 47 min 51 s. Welche Strecke legte er insgesamt zurück? Welche Zeit brauchte er insgesamt?

5. Die meisten Spiele in der Fußballbundesliga machte Karl-Heinz Körbel. Er spielte für Eintracht Frankfurt insgesamt 37 Tage und 15 Stunden. Ein Spiel dauert 90 Minuten. Bei wie vielen Spielen steht der Rekord?

6. Fußballbegeisterung in Deutschland:
Das „Golden Goal" von Oliver Bierhoff im Endspiel um die Fußballeuropameisterschaft in England sahen 1996 32,86 Millionen Fernsehzuschauer.
   a) Welche Strecke würde benötigt, wenn sich diese Zuschauer nebeneinander stellen würden bei 50 cm Platz für jeden? Gib die Strecke in km an.
   b) Das Endspiel der Weltmeisterschaft 1990, das Deutschland gegen Argentinien in Rom gewann, verfolgten 28,66 Millionen Menschen am Fernsehen. Wie viele waren das weniger als 1996?

Merkwürdige Rekorde

Merkwürdige Rekorde

1. Das größte Schokoladen-Modell wurde im Februar 1991 auf der Internationalen Nahrungsmittelmesse in Barcelona ausgestellt. Das Modell eines spanischen Segelschiffes wog 4 000 kg. Wie viele Kinder hätten ein Stück bekommen, wenn das Modell in Stücke von je 100 g zerteilt worden wäre?

2. Im Juli 1985 machte Mike Braun im Waiblinger Stadion 8 834 Purzelbäume. Er brauchte dafür 7 Stunden 46 Minuten. Überschlage, ob er in jeder Minute mehr oder weniger als 15 Purzelbäume schlug.

3. Von 1982 bis 1984 schrieb der Engländer Alan Foreman einen Brief an seine Frau Janet, der aus insgesamt 1 402 344 Wörtern bestand.
   a) Wie viele Minuten schrieb er, wenn er für jeweils 24 Wörter eine Minute brauchte?
   b) Überschlage, wie viele Stunden das ungefähr sind.

4. Die Nashornkäfer aus der Familie der Goliathkäfer sind die im Verhältnis zu ihrer Größe stärksten Insekten. Manche Käfer können das 850fache des eigenen Körpergewichts tragen. Welche Masse müsste eine 43 kg schwere Schülerin heben, um eine vergleichbare Leistung zu vollbringen? Gib das Ergebnis in kg und in t an.

5. Im Februar 1992 bauten die Einwohner von Auckland (Neuseeland) aus 248 756 Legosteinen einen 19,90 m hohen Turm. Ein Legostein wiegt nur rund 3 g. Hättest du den Turm heben können?

6. Arthur Schlaps aus Ludwigsburg hatte bis 1992 15 618 Kugelschreiber aus 40 Ländern gesammelt. Überschlage, wie viele Jahre es dauern würde bis er alle benutzt hat, wenn er jeden Tag einen anderen Kugelschreiber aus seiner Sammlung benutzen würde.

7. Die längste Bank steht in Rendsburg am Ufer des Nord-Ostsee-Kanals. Am 16. März 1990 saßen 1 594 Kinder so dichtgedrängt auf der Bank, dass jedes Kind durchschnittlich nur 31,5 cm Platz hatte. Wie lang war die Bank? Runde das Ergebnis auf m.

8. Diese Wassermelone des Amerikaners Bill Carson wog 118,84 kg. Wie viele Kinder könnten davon einen Nachtisch von 40 g bekommen?

9. Am 15. Oktober 1988 stellten 60 Menschen in Belgien einen neuen Rekord im 24-Stunden-Kinderwagenschieben auf. Sie schafften 563,62 km. Am 22. und 23. November 1990 schafften 10 Männer in Großbritannien 437,2 km. Um wie viele Meter verpassten sie den Rekord?

Teiler und Vielfache

1, 24, 2, 12, ... sind **Teiler** von 24.   24 ist ein **Vielfaches** von 1, 24, 2, 12 ...

5 ist ein Teiler von 30, denn 30 : 5 = 6.   30 ist ein Vielfaches von 5, denn 5 · 6 = 30.

 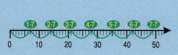
Die Vielfachen von 7 sind 7, 14, 21, 28, ...   Die Teiler von 12 sind 1, 2, 3, 4, 6, 12. Die Zahlen 5, 7, 8, 9, 10, 11, 13, 14, 15, ... sind keine Teiler von 12.

Aufgaben

1.
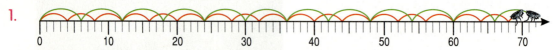

Floh Martin macht die grüne Hüpfspur, Floh Iris die rote Hüpfspur auf dem Zahlenstrahl.
a) Schreibe die ersten 10 Zahlen bei der Landung von Martin und Iris auf.
b) Wer landet auf den Zahlen 72, 74, 76, 78, 80, 82, 84, 86, 88, 90, 92, 94, 96, 98, 100?

2. Lies die Vielfachen von 8 und 12 ab und schreibe sie auf. Unterstreiche die gemeinsamen Vielfachen.

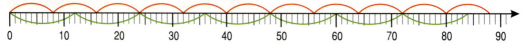

3. Schreibe die Vielfachen der beiden Zahlen auf, bis du das kleinste gemeinsame Vielfache gefunden hast.
a) 3 und 4   b) 10 und 15   c) 4 und 8   d) 15 und 20   e) 16 und 24   f) 20 und 50

4. Übertrage die Tabelle in dein Heft und vervollständige sie.
a) Welche Zahl hat die meisten Teiler?
b) Welche Zahl hat die wenigsten Teiler?
c) Welche Zahl ist stets Teiler?

Zahl \ Teiler	1	2	3	4	5	6	7	8	9	10	11	12	13	14	15	16
8	x	x		x				x								
9	x		x													
12																
16																

5. Welche gemeinsamen Teiler haben die Zahlen, welcher ist von ihnen der größte?
a) 9 und 12   b) 8 und 16   c) 12 und 18   d) 9 und 16   e) 18 und 24   f) 16 und 28

6. Anikas Eisenbahn hat zwei Gleise, eine Innenbahn und eine Außenbahn. Auf beiden Gleisen stehen zwei Züge gemeinsam am Bahnhof mit Rundenzeiten von 25 s bzw. 30 s. Wann treffen sie wieder am Bahnhof zusammen?

Teilbarkeitsregel

Andrea und Björn Zaubermann beim Mathe-Test.

Eine Zahl ist durch 2 teilbar, wenn ihre Endziffer gerade ist, sonst nicht.
Eine Zahl ist durch 5 teilbar, wenn ihre Endziffer 0 oder 5 ist, sonst nicht. } Endstellenregeln
Eine Zahl ist durch 10 teilbar, wenn ihre Endziffer 0 ist, sonst nicht.
Eine Zahl ist durch 3 teilbar, wenn ihre Quersumme (die Summe der Ziffern) durch 3 teilbar ist, sonst nicht. } Quersummenregel

1. 51 76**8** ist durch 2 teilbar.
2. 195 76**0** ist durch 10 teilbar.
3. 3 517 63**5** ist durch 5 teilbar.
4. 417 423 ist durch 3 teilbar. (4 + 1 + 7 + 4 + 2 + 3 = 21)

Aufgaben

1. Welche Zahlen sind durch 2 teilbar?
   a) 396 b) 2 584 c) 12 963 d) 24 756 e) 33 678 f) 74 217 g) 98 279

2. Welche Zahlen sind durch 5 (durch 10) teilbar?
   a) 575 b) 7 340 c) 18 730 d) 32 785 e) 47 930 f) 75 703 g) 75 730

3. Welche Zahlen sind durch 3 teilbar?
   a) 5 134 b) 7 611 c) 28 332 d) 15 769 e) 4 144 f) 52 614 g) 417 361

4. Ein Kunde will am Bankschalter den Betrag von 18 675 € in 10-€-Scheinen. Ist das möglich?

5. Auf einer Länge von 1 375 m werden neue Abwasserrohre verlegt. Es wurden 5 m lange Rohre geliefert. Kann die Leitung mit diesen Rohrteilen passgenau verlegt werden?

6. a) Die Zahl ■ 4 ■ ■ 7 soll durch 3 teilbar sein. Finde vier Möglichkeiten, wie du ergänzen kannst.
   b) Nun soll die Zahl 7 ■ 3 ■ 4 ■ durch 3 und durch 5 teilbar sein. Notiere drei Möglichkeiten.

7. Übertrage die Tabellen in dein Heft und kreuze an, wenn die Zahl teilbar ist.

Zahl \ teilbar durch	2	3	5	10
382 755				
1 873 290				

Zahl \ teilbar durch	2	3	5	10
427 812				
686 185				

Primzahlen

 Eine Zahl mit genau zwei Teilern ist eine **Primzahl**, z. B.: 2, 3, 5, 7.
Keine Primzahlen sind z. B.: 1, 4, 6, 8.

Aufgaben

1. Übertrage die Tabelle bis zur Zahl 100 ins Heft.
   a) Streiche alle <u>Vielfachen von 2</u> bis auf ② selbst.
   b) Streiche alle <u>Vielfachen von 3</u> bis auf ③ selbst.
   c) Streiche alle <u>Vielfachen von 5</u> bis auf ⑤ selbst.
   d) Streiche alle <u>Vielfachen von 7</u> bis auf ⑦ selbst.
   e) Was kannst du über die verbliebenen Zahlen sagen?

2.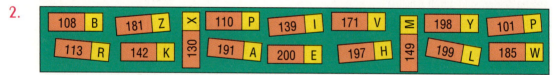
   Von den 16 Zahlen im oberen Feld sind 8 Primzahlen. Finde sie heraus und ordne sie nach der Größe. Die zugehörigen Buchstaben liefern das Lösungswort.

3. Versuche, die Zahl als Produkt von Primzahlen zu schreiben. Beispiel: $24 = 2 \cdot 2 \cdot 2 \cdot 3$
   a) 14   b) 52   c) 64   d) 91   e) 96   f) 120   g) 183   h) 210   i) 350   j) 144

4. Räuber Hotzenplotz ist vergesslich. Seine Schatztruhe hat ein Nummernschloss. Er hat als Merkhilfe viele Zahlen auf seine Truhe aufgeklebt, merkt sich aber nur: „Suche alle Primzahlen heraus und ordne sie der Größe nach." Kannst du den Tresor knacken? Das Nummernschloss ist 7-stellig.

5. Gib alle Primzahlen an, die zwischen 200 und 210 liegen.

6. Begründe, warum die Zahlen keine Primzahlen sind.   a) 81   b) 63   c) 77   d) 121   e) 147

Vermischte Aufgaben

1. Schreibe alle Teiler der Zahl auf.
   a) 12   b) 18   c) 24   d) 25   e) 32   f) 36   g) 49   h) 100

2. Schreibe die ersten zehn Vielfachen der Zahl auf.
   a) 7   b) 9   c) 11   d) 15   e) 19   f) 21   g) 25   h) 60

3. Schreibe von den Zahlen alle gemeinsamen Teiler auf und unterstreiche den größten.
   a) 12 und 18   b) 18 und 24   c) 24 und 32   d) 30 und 45   e) 34 und 51   f) 20 und 30

4. Schreibe von der größeren Zahl die Vielfachen auf, bis du ein gemeinsames Vielfaches beider Zahlen gefunden hast.
   a) 3 und 4   b) 6 und 8   c) 6 und 10   d) 3 und 9   e) 8 und 12   f) 10 und 15

5. Sabine und Markus haben ihre Modellrennbahn aufgebaut. Das rote Rennauto fährt in 15 s eine Runde. Der blaue Sportwagen benötigt 18 s für eine Runde. Beide Flitzer starten gleichzeitig. Nach wie vielen Sekunden wird der blaue Sportwagen zum ersten Mal überrundet?

6. Beim zweiten Rennen sind ein grünes Rennauto (Rundenzeit 16 s) und ein gelber Sportwagen (Rundenzeit 20 s) am Start. Wie viel Zeit vergeht nun bis zur ersten Überrundung?

7. Anke und Tamara trainieren für das Sportabzeichen Dauerlauf. Anke schafft eine Runde in 4 Minuten, Tamara in 5 Minuten. Nach welcher Zeit sind sie wieder gemeinsam am Start?

8. Du willst bei der Bank Geld abheben und möchtest nur Geldscheine oder Münzen von einer Sorte. Schreibe auf, wie 120 € (280 €, 550 €) ausgezahlt werden können.

9. Schreibe jeweils drei sechsstellige Zahlen auf, die teilbar sind
   a) durch 2;   b) durch 10;   c) durch 5;   d) durch 3;   e) durch 2 und durch 3.

10. Untersuche mit der Quersummenregel, ob die Zahl durch 3 teilbar ist.
    a) 2 457   b) 3 762   c) 3 705   d) 1 897   e) 33 300   f) 27 936   g) 55 144

11. Nenne die größte fünfstellige Zahl, die gleichzeitig durch 2, 3 und 5 teilbar ist.

12. a) Einige Zahlen sind durch 6 teilbar. Finde sie heraus und untersuche die Quersumme und die Endstellen.
    b) Versuche eine Regel für die Teilbarkeit durch 6 zu formulieren.
    c) Nenne eine durch 6 teilbare siebenstellige Zahl.

    27 426   73 233   99 303
    642 182   31 821   174 321
    6 399   37 854   21 540

13. Die Zahlen 17 und 19 sind *Primzahlzwillinge*. Beide sind Primzahlen und der Unterschied zwischen ihnen beträgt 2. Finde selbst drei weitere Primzahlzwillinge.

Testen, Üben, Vergleichen

1 Zahlen und Größen

1. Runde auf volle 10 kg.
   a) 628 kg   b) 1 374 kg   c) 3 017 kg   d) 571 kg

> Bis Ziffer 4 wird abgerundet, ab 5 wird aufgerundet.
> Eine Überschlagrechnung erfolgt mit gerundeten Zahlen.
> Überschlage mit vollen DM-Beträgen:
>   5,28 € + 13,96 € + 8,50 €
> ≈ 5 € + 14 € + 9 € = 28 €

2. Überschlage mit vollen Euro-Beträgen.
   a) 33,78 € + 19,31 € + 27,67 € + 4,96 €
   b) 18,61 € + 14,32 € − 7,98 € − 4,15 €

3. Trage in eine Stellenwerttafel ein.
   a) 3 Billionen 400 Milliarden 360 Millionen
   b) 25 Milliarden 17 Millionen
   c) 2 Billionen 6 Milliarden 51 Millionen

> 1 Milliarde = 1 000 Millionen
> 1 Billion   = 1 000 Milliarden
>
> | Billion | | | Milliarde | | | Million | | | Tausend | | |
> |---|---|---|---|---|---|---|---|---|---|---|---|
> | Z | E | H | Z | E | H | Z | E | H | Z | E | |
> | | | | | 4 | 2 | 6 | 0 | 0 | 0 | 0 | 0 | 0 | 0 |
> | | 5 | 3 | 0 | 2 | 5 | 5 | 0 | 0 | 0 | 0 | 0 | 0 |
>
> 42 600 000 000 = 42 Mrd. 600 Mio.
> 5 302 550 000 000 = 5 Bio. 302 Mrd. 550 Mio.

4. Schreibe die Zahlen in Einheiten und Worten.
   a) 13 268 700 000   b) 960 170 000
   c) 5 340 600 000 000 d) 4 070 013 000

5. Runde die Zahlen auf volle Millionen und stelle sie am Zahlenstrahl dar.
   a = 3 146 417   b = 9 868 000   c = 2 098 068
   d = 5 794 300   e = 874 000   f = 7 109 814

> Um große Zahlen am Zahlenstrahl darzustellen, muss man die Einheit geeignet wählen.
> *1 cm für 100 Mio.*
>
> 0 100 Mio. 200 Mio. 300 Mio. 400 Mio. 500 Mio.

6. Welche Zahlen sind dargestellt?

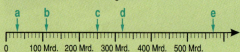

7. Meiers kaufen im Urlaub 6 Flaschen Mineralwasser zum Preis von 2,70 €. Wie teuer ist eine Flasche Mineralwasser?

> Durch Umrechnen in eine kleinere Einheit kann ein Komma vermieden werden.
> 7,20 € : 8 = 720 Cent : 8 = 90 Cent = 0,90 €

8. Notiere alle Teiler der Zahl 15 (28, 42).

9. Schreibe alle Vielfachen der Zahl 8 (12, 20) bis zur Zahl 240 auf.

> 3 · 7 = 21
> 21 ist ein **Vielfaches** von 3 und von 7.
> 3 ist ein **Teiler** von 21.
> 7 ist ein **Teiler** von 21.

10. a) Welche Zahl ist der größte gemeinsame Teiler von 15 und 18?
    b) Welche Zahl ist das kleinste gemeinsame Vielfache von 8 und 10?

> Eine Zahl ist teilbar durch
>   2, wenn ihre Endziffer gerade ist, sonst nicht.
>   5, wenn ihre Endziffer 0 oder 5 ist, sonst nicht.
>   10, wenn ihre Endziffer 0 ist, sonst nicht.
>   3, wenn ihre Quersumme durch 3 teilbar ist.

11. Übertrage ins Heft und kreuze an.

Zahl / teilbar durch	690	252	1 180	705
2				
3				
5				
10				

> Eine Zahl mit genau zwei Teilern ist eine **Primzahl.**
> 2, 3, 5, 7, 11, 13, 17, 19 … sind Primzahlen.
> 1 ist keine Primzahl.

12. Schreibe alle Primzahlen zwischen 20 und 50 auf.

Testen, Üben, Vergleichen
1 Zahlen und Größen

1. Familie Burkhard hat in einer Pizzeria gegessen. Sie haben für Speisen und Getränke ausgegeben: 7,45 €, 4,75 €, 8,80 €, 2,90 € und 3,45 €. Mache zuerst einen Überschlag und rechne dann genau aus, wie viel sie bezahlen müssen.

2. Sonderangebot: 12 Flaschen Mineralwasser (ohne Pfand) kosten 3,60 €. Was kostet eine Flasche?

3. Zeichne einen geeigneten Zahlenstrahl und trage die Einwohnerzahlen der folgenden Städte ein. Runde dazu auf volle 100 000.
   a) Hamburg: 1 717 000   b) Berlin: 3 475 000   c) München: 1 324 000

4. Tina und Bernd haben jeder eine Modelleisenbahn. Tinas Schienen sind 18 cm lang, Bernds Schienen 24 cm. Sie wollen nebeneinander aus den eigenen Schienen zwei gleich lange Strecken bauen. Wie lang sind die Strecken mindestens?

5. Verena hat zwei Profilholzstäbe gekauft, die 72 cm und 56 cm lang sind. Für einen Modellzaun möchte sie möglichst hohe, gleich lange Pfosten herstellen. Es soll kein Abfall bleiben. Wie hoch muss sie die Pfosten wählen?

6. Zwei Autos fahren auf einer Teststrecke gleichmäßig ihre Runden. Fahrzeug A benötigt für eine Runde 10 Minuten, Fahrzeug B 12 Minuten. Beide Fahrzeuge beginnen gleichzeitig die Testfahrt. Nach welcher Zeit passieren beide Fahrzeuge gleichzeitig wieder den Startpunkt?

7. Das Zimmer von Manuel ist 3,2 m breit und 4,8 m lang. Es erhält einen neuen Bodenbelag mit quadratischen Fliesen. Es werden Fliesen mit den Seitenlängen 40 cm, 50 cm und 60 cm angeboten. Bei welchem Format entsteht kein Verschnitt?

8. Prüfe die Zahl, ob sie durch 2, durch 3, durch 5 bzw. durch 10 teilbar ist.
   a) 78 350   b) 1 737 284   c) 2 436 183   d) 719 864   e) 254 725   f) 518 100

9. Drei Kinder haben nach Abschluss der Theateraufführung beim Schulfest die Kasse gezählt. Alle Einnahmen sind von der Lehrerin und einem weiteren Kind gründlich geprüft worden.
Wie viel Geld ist in der Kasse und wie viele Eintrittskarten wurden verkauft?

10. Ergänze die fehlende Ziffer so, dass die Zahl durch 3, aber nicht durch 2 teilbar ist.
    a) 31_   b) 477_   c) 38_   d) 6 92_

11. Zahlenrätsel! Suche eine Zahl, für die gilt:
    a) Die Zahl liegt zwischen 1 351 und 1 379 und ist durch 10 teilbar.
    b) Die Zahl liegt zwischen 77 und 94 und ist durch 5, aber nicht durch 10 teilbar.
    c) Die Zahl liegt zwischen 111 und 149 und ist durch 2, 3 und 5 teilbar.
    d) Die Zahl liegt zwischen 89 und 98 und ist eine Primzahl.
    e) Die Zahl liegt zwischen zwei Primzahlen, ist kleiner als 20, ist größer als 10 und durch 6 teilbar.

12. a) Gesucht ist eine 8-stellige Zahl, die durch 2 und durch 3, aber nicht durch 5 teilbar ist.
    b) Gesucht ist eine 7-stellige Zahl, die durch 3 und durch 10 teilbar ist.
    c) Gesucht ist eine 6-stellige Zahl mit der Quersumme 9, die durch 2 teilbar ist.

2 Kreise und Winkel

Wenn du im inneren Dreieck mit den drei Grundfarben Rot, Gelb und Blau beginnst und nach außen hin stets zwei benachbarte Farben mischst, erhältst du einen Farbkreis nach dem Maler Johannes Itten (1888 – 1967).

2 Kreise und Winkel

Skizze der Rückseite eines *Astrolabs*. Das Astrolab ist ein Vermessungsgerät, mit dem u.a. die Sonnenhöhe oder die Höhe von Sternen bestimmt werden kann.

Kreis

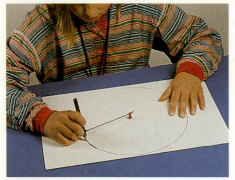

Jeder Kreis ist festgelegt durch den **Mittelpunkt** M und den **Radius** r.
Der **Durchmesser** d ist doppelt so groß wie der Radius.
Alle Punkte eines Kreises sind vom Mittelpunkt gleich weit entfernt.

Durchmesser = 2 · Radius

Aufgaben

1. Markiere einen Punkt M und zeichne um ihn den Kreis mit Radius r. Berechne auch den Durchmesser.
   a) r = 4 cm   b) r = 3 cm   c) r = 2,5 cm   d) r = 3,5 cm   e) r = 1,6 cm   f) r = 4,3 cm

2. Markiere einen Punkt M und zeichne um ihn den Kreis mit Durchmesser d. Berechne zuerst den Radius.
   a) d = 4 cm   b) d = 8 cm   c) d = 7 cm   d) d = 5 cm   e) d = 7,4 cm   f) d = 5,6 cm

3. Zeichne um einen Punkt M vier Kreise mit den Radien 1 cm, 3 cm, 5 cm und 7 cm.

4. Berechne die fehlende Größe eines Kreises.

	a)	b)	c)	d)	e)	f)	g)
Radius r	4,6 cm		12,60 m			1 km	
Durchmesser d		7,0 mm		10,0 cm	1,00 m		620 mm

5. Zeichne in dein Heft. Überlege zuerst: Wo ist der Mittelpunkt eines Kreises und wie groß ist sein Radius?

6. Zeichne in dein Heft, den größten Kreis mit 6 cm Radius (= 12 Karolängen). Färbe das Bild.

   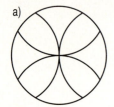
   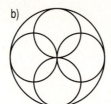
   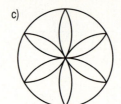

2 Kreise und Winkel

7. Zeichne ins Heft mit doppelt so vielen Karolängen. Markiere jeden Kreismittelpunkt und gib den Radius an.

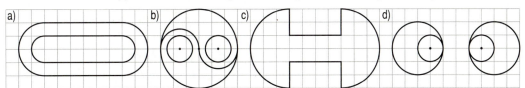

8. Zeichne das „Windrädchen" ins Heft, alle Radien mit doppelt so vielen Karolängen.

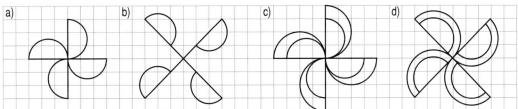

9. Miss den Durchmesser der Münze, berechne den Radius und zeichne einen Kreis dieser Größe.

a)   b)

10. Miss den Durchmesser des Gegenstandes und berechne dann den Radius.
a) Uhrglas   b) Bierdeckel   c) Tortenplatte   d) Fahrradfelge   e) CD-Scheibe

11. Miss die Radien und Durchmesser der abgebildeten Kreise.

12. a) Zeichne vier Kreise mit gemeinsamem Mittelpunkt M und den Radien 1,5 cm   3,5 cm   5,5 cm   7,5 cm.
b) Wie groß ist der Abstand zwischen benachbarten Kreisen?

13. a) Zeichne zwei Kreise mit gemeinsamem Mittelpunkt M und den Durchmessern 4 cm und 6 cm.
b) Wie breit ist der Ring zwischen beiden Kreisen?

14. Zeichne sechs Punkte auf einer Geraden mit je 2 cm Abstand und um jeden drei Kreise mit 1 cm, 2 cm und 3 cm Radius.

15. Zeichne das Gitternetz ins Heft. Zeichne um jeden der vier Punkte A, B, C, D einen Kreis mit 3 cm Radius. Wie viele Gitterpunkte werden von allen vier Kreisen gemeinsam eingeschlossen?

16. Ein Kreis hat die Strecke $\overline{PQ}$ als Durchmesser. Bestimme seinen Mittelpunkt M.
a) P(2|2) Q(2|8)   b) P(2|3) Q(2|7)
c) P(1|1) Q(7|7)   d) P(1|2) Q(5|8)

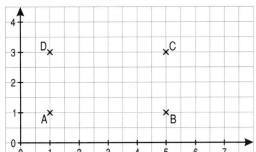

17. Zeichne zwei Kreise mit 4 cm und 3 cm Radius, sodass sich beide Kreise
a) in zwei Punkten schneiden.   b) in 1 Punkt von innen berühren.   c) in 1 Punkt von außen berühren.

18. Zeichne die fünf olympischen Ringe (Durchmesser 5 cm) möglichst wirklichkeitsgetreu.

19. Ein Jugendradio mit Sendern in drei Schulen wird geplant. Die Reichweiten der Sender hängen von der Wetterlage ab. Größtes und kleinstes Empfangsgebiet von jedem Sender sind mit zwei Kreisen dargestellt.

a) Bestimme größte und kleinste Reichweite jeden Senders. Wo ist der stärkste Sender, wo ist der schwächste?

b) Nenne drei Straßen oder Plätze, wo alle drei Sender zu empfangen sind.

c) Nenne drei Straßen, wo kein Sender empfangen wird.

d) Nenne zwei Straßen, wo nur ein einziger Sender zu empfangen ist.

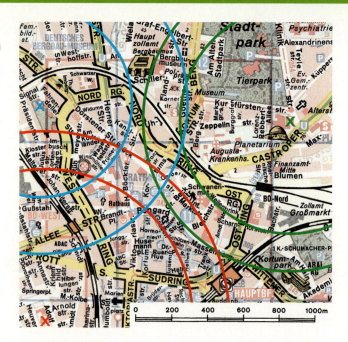

20. In einer mittelamerikanischen Stadt können die Touristen mit dem Taxi zu den Sehenswürdigkeiten (Nummern auf dem Stadtplan) fahren und dabei Erklärungen in ihrer Sprache hören. Diese werden von einer Zentrale Z gesendet. Nimm an, der Sender hat 300 m Reichweite bei Stufe I und 500 m bei Stufe II.

a) Welche Sehenswürdigkeiten liegen bei Stufe I im Empfangsbereich?

b) Welche liegen außerhalb des Bereiches bei Stufe II?

c) Welche liegen nur bei Stufe II im Empfangsbereich?

21. Die drei DJs Andi aus Adelhausen, Bella aus Beuggen und Crissi aus Crisau planen ein gemeinsames Konzert.

a) Es soll in dem Ort stattfinden, der von den drei genannten möglichst gleich weit entfernt ist. Zeichne im Heft und probiere.

b) Die Musik ist 6 km weit zu hören. In welchen Orten kann man zuhören?

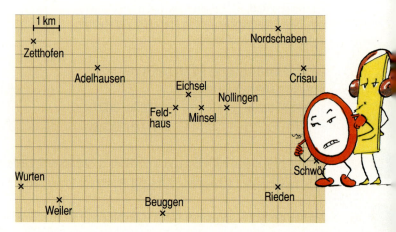

Die verschollene Expedition

2 Kreise und Winkel

Vom archäologischen Camp im Mayaland bricht eine kleine Expedition von drei Männern und zwei Frauen durch den Dschungel in Richtung südliche Akropolis auf. Dort (A), bei Tempel IV (B) und bei der Pyramide der verlorenen Welt (C) sind bereits Teams an der Arbeit. Alle haben Funkkontakt miteinander und zu der Expedition.
Am 22. Tag kommt von allen die Meldung, dass der Funkkontakt zur Expedition abgebrochen ist. Kein Lebenszeichen.
Für diesen Fall gilt für die Expedition: Leuchtraketen morgens und abends abschießen.

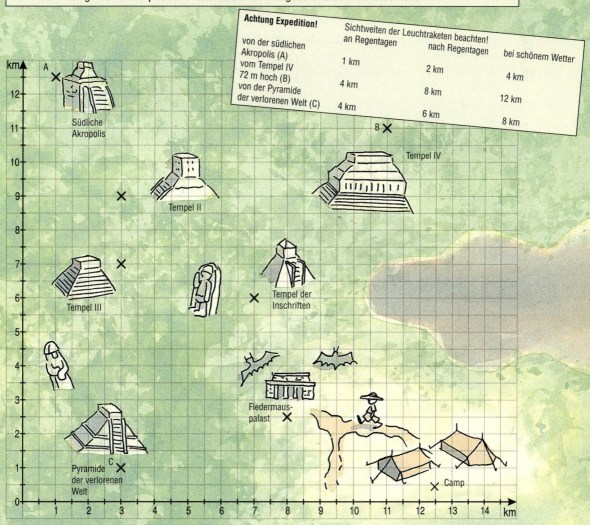

Achtung Expedition!
Sichtweiten der Leuchtraketen beachten!

	an Regentagen	nach Regentagen	bei schönem Wetter
von der südlichen Akropolis (A)	1 km	2 km	4 km
vom Tempel IV 72 m hoch (B)	4 km	8 km	12 km
von der Pyramide der verlorenen Welt (C)	4 km	6 km	8 km

Meldungen der Beobachtungsposten:
4. März – 20. Tag: keine Meldung (Regen)
5. März – 21. Tag: keine Meldung (Regen)
6. März – 22. Tag: Posten bei A, B und C melden: keine Sichtung von Leuchtraketen (Regen)
7. März – 23. Tag: Posten B und C melden jeweils Sichtung von Leuchtzeichen
8. März – 24. Tag: alle Posten melden: deutlich erkennbare Signale und Leuchtzeichen (schönes Wetter)

① Übertrage die wichtigen Ruinen als Punkte in dein Heft.
② In welcher Gegend war die Expedition am 7. März?
③ Kann die Expedition am 8. März beim Tempel II gewesen sein?
④ Ein Mitglied berichtet später: „Wir haben den Tempel der Inschriften im Regen gesehen." Kann das stimmen?
⑤ „Wir haben am Abend des 7. März am Tempel III biwakiert", sagt später ein Mitglied. Kann das wahr sein?
⑥ Am Abend des 7. März wart ihr weniger als 4 km von uns entfernt", sagt ein Beobachter von der südlichen Akropolis. Überprüfe dies.

Winkel

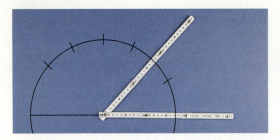 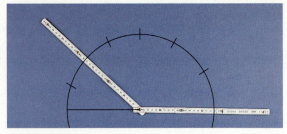

 Jeder **Winkel** besitzt einen **Scheitelpunkt** S und zwei **Schenkel** (Strahlen, die in S beginnen).  **Winkel** werden in **Grad** gemessen. Ein Winkel mit zueinander senkrechten Schenkeln misst **90°**.

Winkel werden mit griechischen Buchstaben bezeichnet:
α (alpha),   β (beta),   γ (gamma),   δ (delta),   ε (epsilon)

Aufgaben

1. Die Winkelmessung in Grad mit 90° für den rechten Winkel geht vermutlich auf die alten Babylonier zurück (ca. 2000 v. Chr.), die das Jahr als Kreis darstellten, wobei zu jedem Tag ein Winkel von 1° gehörte.
   Wie viele Tage hatte nach Babylonischem Kalender 1 Jahr (1 Monat)?

2. Winkel werden mit griechischen Buchstaben und einem Winkelbogen gekennzeichnet.
   a) Zeichne einen Winkel mit dem Scheitelpunkt S und den Schenkeln a und b. Kennzeichne ihn mit dem Buchstaben alpha.
   b) Zeichne einen Winkel beta. Er soll kleiner als 90° sein. Der Scheitelpunkt heißt B und die Schenkel heißen x und y.

3.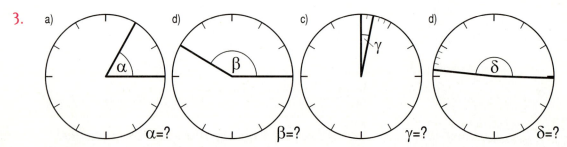
   a) α=?   d) β=?   c) γ=?   d) δ=?

4. Wie groß ist der Winkel zwischen den Zeigern?
   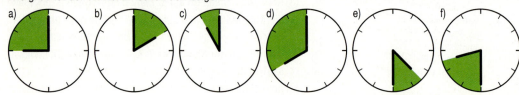
   a)   b)   c)   d)   e)   f)

Winkelarten

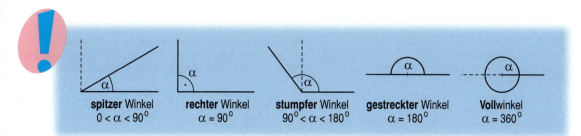

Aufgaben

1. Notiere, von welcher Art die einzelnen Winkel sind.

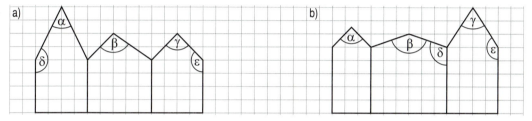

2. Falte ein Blatt Papier zweimal und wieder auseinander. Kennzeichne die entstandenen Winkel und ihre Art.
   a) Es soll ein spitzer Winkel dabei sein.
   b) Es soll ein rechter Winkel dabei sein.

3. Notiere für beide Winkel α und β, welcher Art sie sind.

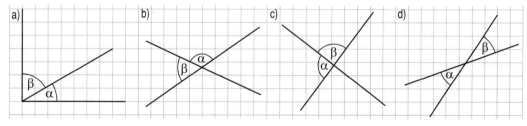

4.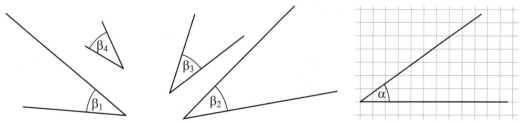

   a) Vergleiche die Winkel $\beta_1, \ldots \beta_4$ durch Schätzen nach Augenmaß und ordne sie der Größe nach.
   b) Übertrage den Winkel α ins Heft und fertige durch Ausschneiden eine Schablone von ihm.
   c) Lege die Schablone von α an die Winkel $\beta_1, \ldots, \beta_4$ an und vergleiche. Was stellst du fest?

5. Drei Geraden g_1, g_2, g_3 schneiden sich in einem Punkt. Wie viele spitze, stumpfe, rechte und gestreckte Winkel entstehen dabei? Übertrage die Zeichnung ins Heft und kennzeichne die Winkel, für jede Art mit einer anderen Farbe.

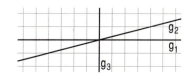

2 Kreise und Winkel

Winkel messen mit dem Geodreieck

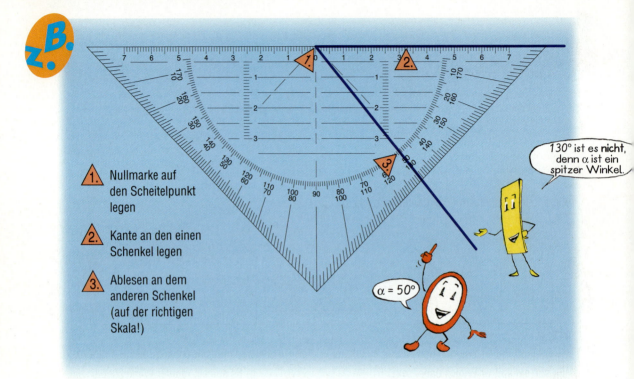

1. Nullmarke auf den Scheitelpunkt legen
2. Kante an den einen Schenkel legen
3. Ablesen an dem anderen Schenkel (auf der richtigen Skala!)

130° ist es **nicht**, denn α ist ein spitzer Winkel.

α = 50°

Aufgaben

1. a) α = ▢   b) α = ▢   β = ▢

2. Übertrage den Winkel mithilfe der markierten Punkte ins Heft und miss ihn mit dem Geodreieck.

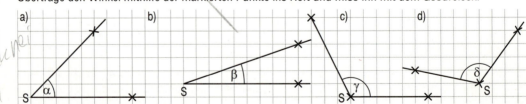

3. Zeichne das Dreieck mit 4fachen Längen (4 Karolängen statt 1) und miss die Winkel.

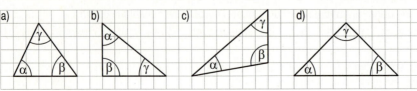

Alle drei zusammen α + β + γ = 180°. Oder?

Zeichnen und Messen

Aufgaben

1. Zeichne den Winkel α und berechne den Winkel β, der bis zum rechten Winkel fehlt (α + β = 90°).
   a) α = 45°   b) α = 70°   c) α = 35°   d) α = 82°   e) α = 65°   f) α = 15°

2. Zeichne den Winkel α und berechne den Winkel β, der bis zum gestreckten Winkel fehlt (α + β = 180°).
   a) α = 90°   b) α = 135°   c) α = 110°   d) α = 98°   e) α = 155°   f) α = 103°

3. Zeichne zwei Straßen als Geraden, die sich unter einem Winkel von 40° schneiden. Welchen anderen Winkel könntest du auch als Schnittwinkel angeben?

4. Zeichne eine Strecke $\overline{AB}$ = 10 cm und an den Endpunkten zweimal den Winkel α wie im Bild. Die Schenkel der beiden Winkel schneiden sich, miss den Schnittwinkel γ.
   a) α = 60°   b) α = 45°   c) α = 30°   d) α = 38°

5. In einem Neubaugebiet ist für die Dachneigung ein Winkel α von mindestens 27° und höchstens 34° vorgeschrieben.
   a) Zeichne das Dach mit der Neigung α = 27° und 12 m Frontlänge (1 cm für 1 m). Miss die Höhe des Daches.
   b) Zeichne und miss für ein Dach mit der Neigung α = 34°.

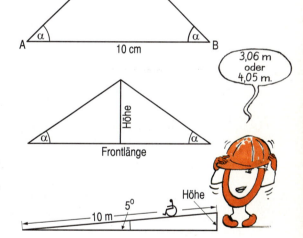

3,06 m oder 4,05 m.

6. In der Gauss-Schule wird eine Rampe für Rollstuhlfahrer gebaut. Sie soll höchstens mit 5° ansteigen und 10 m lang werden. Welchen Höhenunterschied überwindet sie? Zeichne (1 cm für 1 m) und miss.

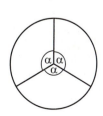

7. Bei einem Parkhaus soll die Rampe zum nächsten Stockwerk mit maximal 8° ansteigen. Wie lang muss sie für 3 m Höhenunterschied sein? Zeichne (1 cm für 1 m) und miss.

8. Eine kreisförmige Torte soll in 3 gleiche Teile geteilt werden. Zeichne mit r = 5 cm als Radius. Berechne zuerst den Winkel α.

9. Teile einen Kreis mit 5 cm Radius in gleiche Teile. Berechne zuerst den Winkel α am Mittelpunkt.
   a) 5 Teile   b) 6 Teile   c) 8 Teile   d) 9 Teile

10. Zeichne einen Winkel so groß wie den unten gezeichneten.

11. Übertrage mithilfe der markierten Punkte den Winkel ins Heft und miss ihn.

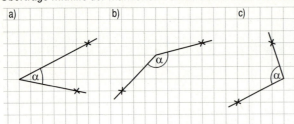

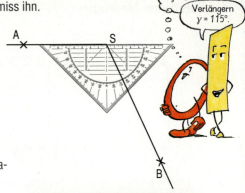

12. Zeichne ein Rechteck mit 3 cm und 4 cm Seitenlänge und seine Diagonalen. Miss die Winkel, unter denen sie sich schneiden.

13. Ein Scheinwerferkegel hat den Öffnungswinkel α. Das Licht hat die Reichweite r. Zeichne den beleuchteten Bereich mit 1 cm für 10 m.
a) α = 20° r = 50 m   b) α = 45° r = 30 m   c) α = 5° r = 80 m

14. Ein Bewegungsmelder erfasst den Winkel α mit der Reichweite r. Zeichne den erfassten Bereich mit 1 cm für 5 m.
a) α = 120° r = 10 m   b) α = 90° r = 15 m   c) α = 75° r = 20 m

15. a) Zeichne drei Straßen, die auf einen Platz münden, Goethe- und Schillerstraße mit 90° Winkel, Goethe- und Lessingstraße mit 100°.
b) Wie groß ist der Winkel zwischen Lessing- und Schillerstraße?
c) Die Straßenbahnlinie halbiert den Winkel zwischen Goethe- und Lessingstraße. Zeichne sie.

16. a) Der Lombardepass in Frankeich hat 24% Steigung. Zeichne 1 cm für 10 m und miss den Steigungswinkel α.
b) Mit welchem Winkel α steigt ein Berghang mit 35% Steigung? Zeichne und miss den Winkel.
c) Bei welchem Winkel α ist die Steigung 100%?

17. Zeichne die Punkte in ein Gitternetz (Gittereinheit 1 cm) und verbinde sie zu einem Viereck ABCD. Miss die Winkel in dem Viereck. (Kontrolle: Alle vier zusammen ergeben 360°.)
a) A(2|1) B(5|2) C(4|5) D(1|3)   b) A(1|1) B(5|3) C(5|5) D(3|6)

18.

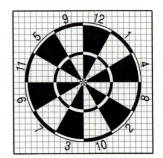

a) Bastele eine Windrose aus Karton mit 4 cm als äußeren und 3,5 cm als inneren Radius.

b) Bastele eine Kompassscheibe mit 4 cm als äußeren und 2,5 cm als inneren Radius.

c) Bastele eine Dartscheibe aus dicker Pappe mit 8 cm als äußeren Radius.

Testen, Üben, Vergleichen
2 Kreise und Winkel

1. Markiere einen Punkt M und zeichne um ihn den Kreis mit dem Radius r.
   a) r = 4 cm   b) r = 4,5 cm   c) r = 5,6 cm

2. Zeichne um M den Kreis mit dem Durchmesser d.
   a) d = 10 cm   b) d = 7 cm   c) d = 6,8 cm

3. Berechne aus dem Radius den Durchmesser.
   a) r = 8 cm   b) r = 5,3 cm   c) r = 4,7 cm

4. Zeichne eine Strecke $\overline{AB}$ = 6 cm und um die Endpunkte A und B zwei Kreise, beide mit
   a) r = 4 cm   b) r = 3 cm   c) r = 2 cm

5. Zeichne zwei Geraden, die sich schneiden. Die Winkel am Schnittpunkt sollen
   a) alle gleich sein;   b) *nicht* alle gleich sein.

6. a)    b)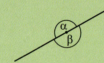
   c) 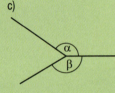   d)

   Welche Art von Winkel ist es? Schreibe:
   α ist ein .... Winkel, β ist ein .... Winkel.

7.
   Notiere im Heft:
   α = ▪
   β = ▪
   δ = ▪

8. Zeichne einen Winkel
   a) α = 35° b) α = 80°   c) α = 120°

9. Zeichne eine kreisförmige Torte (r = 5 cm) und teile sie in 6 gleiche Teile. Berechne zuerst den Winkel.

10. Wie groß ist genau um 8 Uhr der Winkel zwischen den beiden Zeigern einer Uhr?

Kreis
Jeder Kreis ist festgelegt durch den **Mittelpunkt** M und den **Radius** r.

Der **Durchmesser** d ist doppelt so groß wie der Radius.

Alle Punkte eines Kreises sind vom Mittelpunkt gleich weit entfernt.

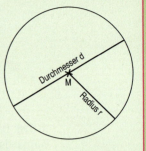

Winkel
Jeder Winkel besitzt einen **Scheitelpunkt** S und zwei **Schenkel** (Strahlen, die in S beginnen).

Winkelarten

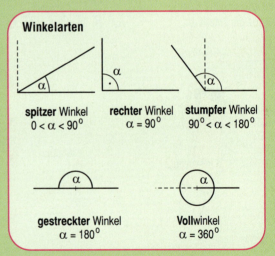

spitzer Winkel   rechter Winkel   stumpfer Winkel
0 < α < 90°   α = 90°   90° < α < 180°

gestreckter Winkel   Vollwinkel
α = 180°   α = 360°

Winkel zeichnen und messen

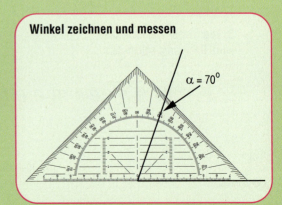

α = 70°

Testen, Üben, Vergleichen
2 Kreise und Winkel

1. a) b) c)

   Zeichne das Muster in dein Heft.

2. Um ein kreisförmiges Becken mit 8 m Durchmesser verläuft ein 2 m breiter Spazierweg. Zeichne Becken und Weg im Maßstab 1:100 (1 cm für 100 cm = 1 m).

3. In zwei 70 km voneinander entfernten Orten A und B stehen zwei Sender. Der eine hat 50 km Reichweite, der andere 40 km. Zeichne im Maßstab 1:1 000 000 (1 cm für 1 000 000 cm = 10 km) und färbe das Gebiet, in dem beide Sender zu empfangen sind.

4. Zeichne eine kreisförmige „Torte" mit 4 cm Radius und teile sie in 10 gleiche Teile. Überlege zuerst, wie groß der Winkel am Mittelpunkt für ein „Tortenstück" sein muss.

5. Übertrage mithilfe der Punkte die Winkel in dein Heft und miss die Größe der Winkel!

   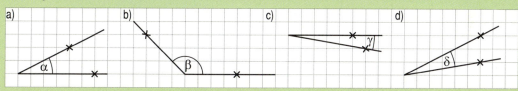

6. Zeichne den Winkel α.
   a) α = 76°   b) α = 12°   c) α = 128°   d) α = 137°   e) α = 99°   f) α = 81°

7. a) Der Giebel eines 10 m breiten Hauses ist 3 m hoch. Zeichne 1 cm für 1 m und miss den Winkel α des Daches.
   b) Wie hoch wäre der Giebel bei einem Winkel α = 45°?

   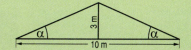

8. Zeichne ein Quadrat mit 12 cm Seitenlänge und seine Diagonalen. Miss die Winkel
   a) zwischen den Diagonalen am Schnittpunkt,
   b) zwischen Diagonale und Seite am Eckpunkt.

   Alle vier zusammen: 360°.

9. a) b) c) d)

   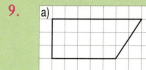 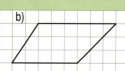  

   Zeichne das Viereck mit vierfachen Längen (4 Karos statt 1) und miss die Winkel.

10. Ein Winkel wurde gemessen. Die anderen kannst du berechnen.
    a) α = 130°   b) β = 80°   c) γ = 20°   d) δ = 90°

11. Beim Billard prallt die Kugel unter dem gleichen Winkel wieder von der Bande ab, wie sie vorher aufgeprallt ist. Im Punkt A, 1 m vom Pool entfernt, stößt ein Spieler die Kugel im Winkel α = 58° zur gegenüberliegenden Seite. Zeichne den rechteckigen Tisch (2,3 m lang, 1,15 m breit) in geeignetem Maßstab und den Weg der Kugel. Trifft sie nach max. 5 Bandenberührungen einen Pool?

    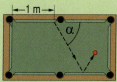

3 Brüche und Dezimalbrüche (1)

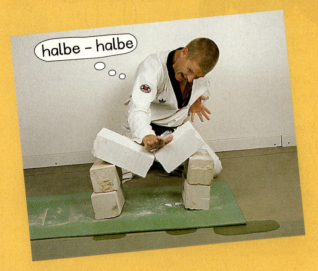

3 Brüche und Dezimalbrüche (1)

Reicht ein 2-l-Krug für die Bowle?

Fruchtbowle für Supersportler

$\frac{1}{4}$ l Ananassaft
$\frac{1}{4}$ l Orangensaft
$\frac{1}{4}$ l Zitronensaft

Zusammenschütten, mit Zucker abschmecken. Falls gewünscht, Kiwischeiben dazugeben.

Alles kühlen und vor dem Servieren mit $\frac{3}{4}$ l Ginger Ale auffüllen. Nicht mehr rühren.

In 100 ml Vollmilch sind im Durchschnitt enthalten:
Fett .... 3,5 g
Eiweiß .... 3,4 g
Kohlenhydrate ...... 4,8 g
Calcium .... 120 mg
Phosphor

Handcreme 2,79
Zahncreme 3,89
Duschgel   2,89

Total: 9,57
Bar: 20,00
Rückgeld: 10,43

Was bedeutet das Komma?

Wo begegnen dir im Alltag sonst noch Kommazahlen?

1,43 m   0,47 m   0,56 m

0,35 m

3 Brüche und Dezimalbrüche (1)

Stammbrüche

Brüche wie $\frac{1}{2}$ (ein halb), $\frac{1}{3}$ (ein Drittel), $\frac{1}{4}$ (ein Viertel), … heißen **Stammbrüche**.

$\frac{1}{2}$ vom Ganzen ist die Hälfte.

$\frac{1}{3}$ vom Ganzen ist der dritte Teil.

$\frac{1}{4}$ vom Ganzen ist der vierte Teil.

Aufgaben

1. Zeichne einen Kreis und schneide ihn aus. Falte den Kreis und schneide dann $\frac{1}{2}$ und $\frac{1}{4}$ aus.

2. Welcher Bruchteil ist gefärbt?

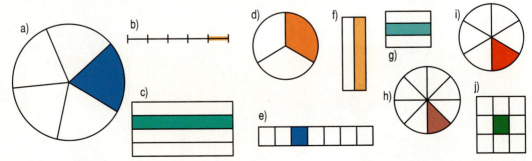

3. Zeichne eine Strecke mit der angegebenen Länge. Markiere den Bruchteil der Strecke farbig.

   a) $\frac{1}{2}$ von 10 cm   b) $\frac{1}{5}$ von 10 cm   c) $\frac{1}{3}$ von 12 cm   d) $\frac{1}{4}$ von 8 cm   e) $\frac{1}{6}$ von 12 cm

3 Brüche und Dezimalbrüche (1)

Rechnen mit Stammbrüchen

$\frac{1}{4}$ von 20 €
= 20 € : 4
= 5 €

$\frac{1}{6}$ von 1 h
= 1 h : 6
= 60 min : 6
= 10 min

Aufgaben

1. Berechne.
   a) $\frac{1}{2}$ von 20 €   b) $\frac{1}{8}$ von 72 €   c) $\frac{1}{5}$ von 40 €   d) $\frac{1}{9}$ von 72 €
   e) $\frac{1}{4}$ von 40 €   f) $\frac{1}{6}$ von 42 €   g) $\frac{1}{8}$ von 40 €   h) $\frac{1}{7}$ von 49 €

2. Bruchteile von einer Stunde: Wie viele Minuten sind es?
   a) $\frac{1}{2}$ h   b) $\frac{1}{4}$ h   c) $\frac{1}{3}$ h   d) $\frac{1}{5}$ h   e) $\frac{1}{10}$ h   f) $\frac{1}{12}$ h   g) $\frac{1}{15}$ h

3.

   Tante Lilo ist stolz auf ihre Pflanzen. $\frac{1}{3}$ ihrer Pflanzen sind Grünlilien, $\frac{1}{4}$ sind Veilchen, $\frac{1}{6}$ sind Pfennigbäumchen und der Rest sind Farne.
   a) Ist diese Aufteilung in der Zeichnung richtig wiedergegeben?
   b) Von welchen Pflanzen hat sie am meisten?

4. a) $\frac{1}{5}$ von 100 kg   b) $\frac{1}{2}$ von 1 000 km   c) $\frac{1}{9}$ von 810 kg   d) $\frac{1}{3}$ von 900 l
   e) $\frac{1}{7}$ von 140 kg   f) $\frac{1}{5}$ von 500 km   g) $\frac{1}{4}$ von 360 kg   h) $\frac{1}{8}$ von 640 l

5. Wie viel Gramm sind es? Rechne erst in die kleinere Einheit um.
   a) $\frac{1}{2}$ von 3 kg   b) $\frac{1}{5}$ von 4 kg   c) $\frac{1}{4}$ von 2 kg   d) $\frac{1}{8}$ von 1 kg

   1 kg = 1000 g
   1 m = 100 cm
   1 km = 1000 m

6. a) $\frac{1}{2}$ von 5 m   b) $\frac{1}{10}$ von 2 m   c) $\frac{1}{4}$ von 3 m   d) $\frac{1}{5}$ von 6 m
   e) $\frac{1}{4}$ von 1 km   f) $\frac{1}{2}$ von 3 km   g) $\frac{1}{8}$ von 2 km   h) $\frac{1}{5}$ von 7 km

7. In einem Streichelzoo gibt es 150 Tiere. Davon sind $\frac{1}{3}$ Meerschweinchen, $\frac{1}{5}$ Ziegen und $\frac{1}{6}$ Esel.
   a) Wie viele Esel, Ziegen und Meerschweinchen sind im Streichelzoo vertreten?
   b) Es gibt außerdem 15 Schafe. Welcher Bruchteil ist das?
   c) Die restlichen Tiere sind Hasen. Wie viele Hasen hat der Streichelzoo? Welcher Bruchteil ist das?

3 Brüche und Dezimalbrüche (1)

Bruchteile vom Ganzen

 Man erhält den Bruchteil eines Ganzen so:
① Das Ganze wird in so viele gleiche Teile zerlegt, wie der Nenner angibt.
② Man nimmt so viele Teile, wie der Zähler angibt.

Zählt die Bruchteile!
Nennt die Bruchteile!

$\frac{3}{8}$ eines Kreises

$\frac{5}{12}$ eines Rechtecks

Zerlegen in 8 gleiche Teile, 3 Teile nehmen. Zerlegen in 12 gleiche Teile, 5 Teile nehmen.

Aufgaben

1. Welcher Bruchteil ist eingefärbt, welcher nicht?
   a)  b) c) d) 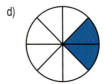 e)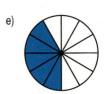

2. Welcher Bruchteil der Pizza ist gegessen, welcher ist noch übrig?
   a) 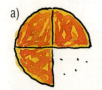 b) c) d) 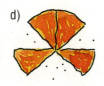 e)

3. a)  b) c)  d)

3 Brüche und Dezimalbrüche (1)

4. Gib die eingefärbten Bruchteile an.

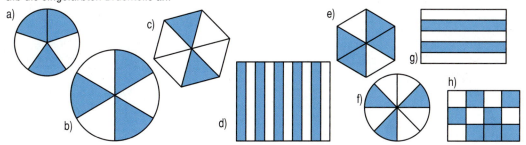

5. Zeichne die angegebene Strecke und markiere den Bruchteil darauf farbig.

a) $\frac{5}{6}$ von 6 cm b) $\frac{2}{5}$ von 10 cm c) $\frac{3}{4}$ von 8 cm d) $\frac{3}{7}$ von 14 cm

e) $\frac{3}{5}$ von 5 cm f) $\frac{2}{3}$ von 9 cm g) $\frac{5}{6}$ von 12 cm h) $\frac{3}{8}$ von 16 cm

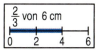

6. Zeichne eine Strecke der angegebenen Länge und markiere die Bruchteile verschiedenfarbig.

a) Streckenlänge: 6 cm
$\frac{2}{3}$ $\frac{1}{2}$ $\frac{3}{4}$ $\frac{5}{6}$

b) Streckenlänge: 9 cm
$\frac{1}{2}$ $\frac{6}{9}$ $\frac{2}{3}$ $\frac{5}{9}$

c) Streckenlänge: 12 cm
$\frac{2}{3}$ $\frac{4}{6}$ $\frac{5}{8}$ $\frac{8}{12}$

7. Zeichne ein Rechteck, 6 Karos lang, 4 Karos breit. Färbe den Bruchteil.

a) $\frac{1}{2}$ b) $\frac{1}{4}$ c) $\frac{3}{4}$ d) $\frac{1}{6}$ e) $\frac{5}{6}$ f) $\frac{3}{8}$ g) $\frac{8}{12}$ h) $\frac{15}{24}$

8. Die Schokolade hatte 18 Stücke. Welcher Bruchteil ist gegessen?

 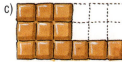 

9. Zeichne ein Quadrat, jede Seite 10 Karos lang. Färbe die Bruchteile in den angegebenen Farben. Welcher Bruchteil bleibt ungefärbt?

10. Welche Bruchteile gehören zu dem Bild?

     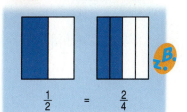

a) $\frac{1}{2}$; $\frac{1}{4}$; $\frac{2}{4}$ b) $\frac{2}{3}$; $\frac{2}{6}$; $\frac{4}{6}$; $\frac{3}{4}$ c) $\frac{2}{4}$; $\frac{3}{4}$; $\frac{6}{8}$; $\frac{12}{16}$; $\frac{15}{16}$ $\frac{1}{2} = \frac{2}{4}$

11. Welche Bruchteile sind gefärbt? Welche davon sind gleich groß? (Notiere gleich große nebeneinander)

(1) (2) (3) (4) (5) (6) (7) (8) (9)

12. Bruchteile derselben Pizza. Kleiner, größer oder gleich? Setze ein: <, > oder =.

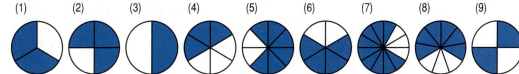

a) $\frac{1}{2}$ ▢ $\frac{2}{4}$ b) $\frac{1}{3}$ ▢ $\frac{1}{9}$ c) $\frac{4}{5}$ ▢ $\frac{4}{7}$ d) $\frac{3}{8}$ ▢ $\frac{5}{9}$ e) $\frac{2}{3}$ ▢ $\frac{4}{9}$ f) $\frac{3}{8}$ ▢ $\frac{1}{2}$ g) $\frac{2}{3}$ ▢ $\frac{3}{4}$

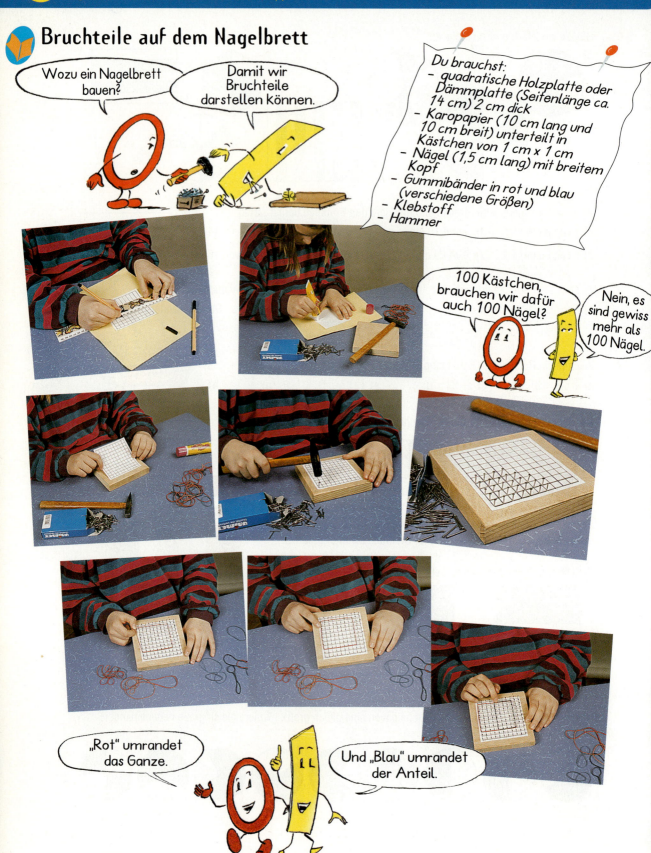

Bruchteile auf dem Nagelbrett

3 Brüche und Dezimalbrüche (1)

Aufgaben

1. a) Das rote Gummiband soll 100 Kästchen umschließen. Das ist jetzt das „Ganze".
   Stelle folgende Bruchteile dar: $\frac{1}{2}$; $\frac{1}{4}$; $\frac{3}{4}$; $\frac{2}{5}$; $\frac{4}{5}$; $\frac{3}{10}$; $\frac{7}{10}$
   b) Welche Bruchzahlen kannst du noch herstellen? Finde mindestens drei weitere.

2.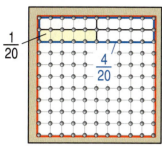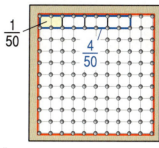

   Das rote Gummiband umspannt wieder 100 Kästchen, das ist das „Ganze".
   a) Stelle die Bruchteile $\frac{4}{20}$, $\frac{4}{25}$, und $\frac{4}{50}$ auch auf deinem Nagelbrett her.
   b) Wie viele Kästchen muss das blaue Gummiband jeweils umschließen bei: $\frac{9}{20}$; $\frac{12}{20}$; $\frac{7}{25}$; $\frac{20}{25}$; $\frac{15}{50}$; $\frac{18}{50}$ und $\frac{35}{50}$?
   Zeige auf deinem Nagelbrett.

3. a) 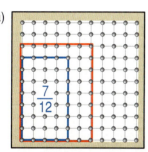 b) 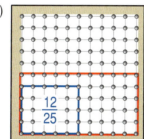 c)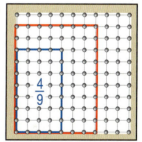

   Umspannt das blaue Gummiband wirklich den angegebenen Bruchteil?

4. Das rote Gummiband soll 56 Kästchen umschließen, 8 in der Länge und 7 in der Breite. Das ist jetzt das „Ganze". Spanne nun das blaue Gummiband so, dass es folgende Bruchteile umschließt:

   $\frac{1}{2}$; $\frac{1}{4}$; $\frac{3}{4}$; $\frac{1}{7}$; $\frac{2}{7}$; $\frac{4}{7}$; $\frac{1}{8}$; $\frac{5}{8}$

   Lass jedes Mal deinen Nachbarn kontrollieren.

   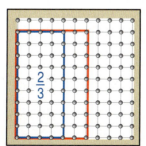

5. Lass dein rotes Gummiband 54 Kästchen umschließen. Das ist jetzt das „Ganze". Stelle folgende Bruchteile dar.

   $\frac{2}{3}$; $\frac{1}{3}$; $\frac{1}{6}$; $\frac{1}{9}$; $\frac{2}{9}$; $\frac{4}{9}$; $\frac{5}{9}$

   Finde immer zwei verschiedene Möglichkeiten, um die Bruchzahlen darzustellen.

6. **Partnerarbeit:** Überlege dir weitere Aufgaben und stelle sie deiner Nachbarin oder deinem Nachbarn.

3 Brüche und Dezimalbrüche (1)

Berechnen von Bruchteilen

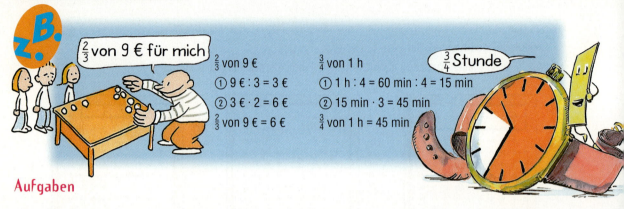

$\frac{2}{3}$ von 9 €	$\frac{3}{4}$ von 1 h
① 9 € : 3 = 3 €	① 1 h : 4 = 60 min : 4 = 15 min
② 3 € · 2 = 6 €	② 15 min · 3 = 45 min
$\frac{2}{3}$ von 9 € = 6 €	$\frac{3}{4}$ von 1 h = 45 min

Aufgaben

1. Berechne.
   a) $\frac{3}{4}$ von 36 €
   b) $\frac{5}{6}$ von 42 €
   c) $\frac{7}{12}$ von 84 €
   d) $\frac{7}{9}$ von 99 €
   e) $\frac{2}{3}$ von 24 €
   f) $\frac{3}{5}$ von 30 €
   g) $\frac{3}{10}$ von 80 €
   h) $\frac{5}{8}$ von 96 €

2. Wie viele Minuten sind es? Berechne den Bruchteil einer Stunde.
   a) $\frac{2}{3}$ h
   b) $\frac{2}{5}$ h
   c) $\frac{5}{6}$ h
   d) $\frac{7}{10}$ h
   e) $\frac{5}{12}$ h
   f) $\frac{8}{15}$ h
   g) $\frac{7}{30}$ h

3. a) $\frac{2}{5}$ von 650 kg
   b) $\frac{3}{4}$ von 796 €
   c) $\frac{7}{9}$ von 441 l
   d) $\frac{5}{6}$ von 330 t
   e) $\frac{7}{10}$ von 900 kg
   f) $\frac{5}{8}$ von 520 €
   g) $\frac{2}{3}$ von 744 l
   h) $\frac{11}{12}$ von 264 t

4. a) In Uschis Klasse sind 27 Kinder. $\frac{2}{3}$ von ihnen haben ein Haustier. Wie viele sind es?
   b) $\frac{2}{9}$ der Klasse haben einen Hund. Wie viele Kinder sind das?
   c) Niemand hat zwei Haustiere. Wie viele Kinder haben ein Haustier, das kein Hund ist? Welcher Bruchteil der Klasse ist das?

5. Berechne den Bruchteil mit einer kleineren Einheit.
   a) $\frac{3}{4}$ kg
   b) $\frac{2}{5}$ kg
   c) $\frac{5}{8}$ kg
   d) $\frac{3}{5}$ t
   e) $\frac{3}{8}$ t
   f) $\frac{7}{10}$ t

6. a) $\frac{3}{5}$ von 2 kg
   b) $\frac{3}{4}$ von 5 kg
   c) $\frac{7}{8}$ von 2 t
   d) $\frac{3}{10}$ von 5 t
   e) $\frac{4}{5}$ von 3 t

7. a) $\frac{3}{4}$ m
   b) $\frac{4}{5}$ m
   c) $\frac{7}{10}$ m
   d) $\frac{3}{8}$ km
   e) $\frac{2}{5}$ km
   f) $\frac{3}{4}$ km

8. a) $\frac{3}{4}$ von 2 m
   b) $\frac{2}{5}$ von 3 m
   c) $\frac{7}{10}$ von 4 km
   d) $\frac{5}{8}$ von 2 km
   e) $\frac{4}{5}$ von 6 km

9. Das hatte die 6. Klasse für ihr Fest eingekauft.
   a) Nachher sind noch $\frac{2}{5}$ der Limonade und $\frac{3}{8}$ der Würstchen übrig. Wie viele Flaschen und Würstchen sind das?
   b) Außerdem sind 6 Flaschen Cola übrig. Welcher Bruchteil des Cola-Vorrats ist das?
   c) Chips gingen auch nicht so gut weg. 4 Tüten blieben übrig. Welcher Bruchteil ist das?

3 Brüche und Dezimalbrüche (1)

Brüche größer als ein Ganzes

Brüche, die größer als ein Ganzes sind, kann man als **gemischte Zahl** schreiben. $\frac{9}{4} = 2\frac{1}{4}$

Schreibe $\frac{7}{4}$ als gemischte Zahl.

$\frac{7}{4} = 1\frac{3}{4}$ (denn $\frac{4}{4} = 1$)

Schreibe $2\frac{2}{3}$ als Bruch.

$2\frac{2}{3} = \frac{8}{3}$ (denn $1 = \frac{3}{3}$ $2 = \frac{6}{3}$)

Aufgaben

1. Notiere als Bruch und als gemischte Zahl.

   a)  b)   c)

   d)   e)  f)

2. Schreibe die Brüche als gemischte Zahlen.

   a) $\frac{3}{2}$ b) $\frac{7}{4}$ c) $\frac{7}{2}$ d) $\frac{8}{5}$ e) $\frac{14}{4}$ f) $\frac{24}{6}$ g) $\frac{29}{10}$ h) $\frac{9}{7}$

   $\frac{4}{3}$ $\frac{8}{3}$ $\frac{11}{4}$ $\frac{15}{6}$ $\frac{12}{5}$ $\frac{14}{7}$ $\frac{25}{8}$ $\frac{11}{3}$

3. Notiere die gemischten Zahlen als Brüche.

   a) $2\frac{1}{2}$ b) $1\frac{4}{5}$ c) $4\frac{1}{3}$ d) $3\frac{3}{8}$ e) $5\frac{2}{7}$ f) $7\frac{5}{7}$ g) $10\frac{8}{9}$ h) $4\frac{2}{5}$

   $1\frac{2}{3}$ $2\frac{3}{4}$ $3\frac{3}{5}$ $8\frac{5}{6}$ $2\frac{5}{9}$ $8\frac{5}{8}$ $9\frac{7}{10}$ $3\frac{1}{6}$

4. Die vier Daltons haben bei einem Raubüberfall sieben Geldsäcke erbeutet. In jedem Sack sind 60 Bündel 50-Dollar-Scheine. Jedes Bündel mit 10 Scheinen. Die Daltons wollen das Geld gerecht teilen.

   a) Wie viele Säcke müssen sie öffnen?
   b) Wie viele Bündel erhält jeder?
   c) Weißt du jetzt, wie viel Dollar jeder hat?

3 Brüche und Dezimalbrüche (1)

Addition und Subtraktion bei gleichem Nenner

Brüche mit gleichem Nenner werden addiert oder subtrahiert, indem man die Zähler addiert oder subtrahiert und den Nenner unverändert lässt.

z.B. $\frac{2}{4} + \frac{1}{4} = \frac{2+1}{4} = \frac{3}{4}$ $\frac{5}{6} - \frac{2}{6} = \frac{5-2}{6} = \frac{3}{6}$ $\frac{3}{4} + \frac{2}{4} = \frac{3+2}{4} = \frac{5}{4} = 1\frac{1}{4}$

Aufgaben

1. a) $\frac{1}{9} + \frac{2}{9}$ b) $\frac{2}{7} + \frac{4}{7}$ c) $\frac{1}{5} + \frac{3}{5}$ d) $\frac{2}{8} + \frac{3}{8}$ e) $\frac{2}{10} + \frac{7}{10}$ f) $\frac{2}{6} + \frac{3}{6}$

2. a) $\frac{4}{7} - \frac{3}{7}$ b) $\frac{6}{9} - \frac{3}{9}$ c) $\frac{2}{3} - \frac{1}{3}$ d) $\frac{6}{8} - \frac{3}{8}$ e) $\frac{4}{5} - \frac{3}{5}$ f) $\frac{7}{9} - \frac{5}{9}$

3. a) $\frac{2}{5} + \frac{4}{5}$ b) $\frac{3}{4} + \frac{3}{4}$ c) $\frac{4}{6} + \frac{3}{6}$ d) $\frac{7}{8} + \frac{3}{8}$ e) $\frac{4}{7} + \frac{5}{7}$ f) $\frac{4}{6} + \frac{2}{6}$

4. a) $\frac{1}{6} + \frac{4}{6}$ b) $\frac{4}{5} - \frac{2}{5}$ c) $\frac{7}{9} - \frac{5}{9}$ d) $\frac{5}{7} - \frac{3}{7}$ e) $\frac{8}{10} - \frac{5}{10}$ f) $\frac{3}{9} + \frac{4}{9}$
   g) $\frac{3}{8} + \frac{4}{8}$ h) $\frac{2}{7} + \frac{6}{7}$ i) $\frac{6}{6} - \frac{2}{6}$ j) $\frac{4}{5} + \frac{4}{5}$ k) $\frac{8}{9} + \frac{5}{9}$ l) $\frac{7}{10} - \frac{3}{10}$

5. Bei Florians Geburtstagsparty sind $\frac{5}{6}$ Pizza übrig geblieben. Seine kleine Schwester isst noch $\frac{2}{6}$. Wie viel Pizza ist jetzt noch vorhanden?

6. a) $\square + \frac{3}{7} = \frac{4}{7}$ b) $\frac{4}{9} - \square = \frac{2}{9}$ c) $\frac{5}{8} + \square = \frac{7}{8}$ d) $\square - \frac{5}{10} = \frac{3}{10}$ e) $\frac{3}{8} + \square = \frac{7}{8}$

7. Gib das Ergebnis mit zwei verschiedenen Brüchen an.

3 Brüche und Dezimalbrüche (1)

Vermischte Aufgaben

z.B.

① $2 + \frac{1}{4}$
   $= 2\frac{1}{4}$

② $2\frac{1}{5} + 4$
   $= 2 + 4 + \frac{1}{5} = 6\frac{1}{5}$

③ $3\frac{2}{6} + \frac{3}{6}$
   $= 3 + \frac{2}{6} + \frac{3}{6} = 3\frac{5}{6}$

④ $3\frac{4}{7} - 2$
   $= 3 - 2 + \frac{4}{7} = 1\frac{4}{7}$

⑤ $1\frac{3}{5} - \frac{2}{5}$
   $1 + \frac{3}{5} - \frac{2}{5} = 1\frac{1}{5}$

Aufgaben

1.
a) $4 + \frac{1}{3}$ b) $2 + \frac{2}{5}$ c) $3 + \frac{1}{7}$ d) $6 + \frac{2}{9}$ e) $3 + \frac{1}{15}$ f) $2 + \frac{1}{7}$
g) $9 + \frac{2}{11}$ h) $4 + \frac{3}{10}$ i) $5 + \frac{1}{13}$ j) $8 + \frac{8}{9}$ k) $7 + \frac{5}{6}$ l) $9 + \frac{2}{7}$

2.
a) $2\frac{1}{2} + 3$ b) $3\frac{4}{7} + 1$ c) $5\frac{1}{4} + 4$ d) $6\frac{2}{5} + 3$ e) $7\frac{7}{9} + 1$ f) $3\frac{1}{6} + 4$
g) $2\frac{3}{8} + 4$ h) $4\frac{3}{7} + 6$ i) $8\frac{3}{5} + 4$ j) $9\frac{2}{9} + 5$ k) $7\frac{1}{5} + 6$ l) $6\frac{1}{6} + 4$

3.
a) $2\frac{1}{7} + \frac{3}{7}$ b) $3\frac{2}{5} + \frac{1}{5}$ c) $3\frac{5}{9} + \frac{2}{9}$ d) $2\frac{3}{7} + \frac{1}{7}$ e) $1\frac{2}{5} + \frac{2}{5}$ f) $8\frac{5}{8} + \frac{2}{8}$
g) $4\frac{4}{10} + \frac{3}{10}$ h) $7\frac{2}{6} + \frac{2}{6}$ i) $6\frac{1}{3} + \frac{1}{3}$ j) $5\frac{2}{7} + \frac{3}{7}$ k) $4\frac{3}{8} + \frac{4}{8}$ l) $9\frac{2}{11} + \frac{7}{11}$

4. Wie viel Liter Getränk entsteht?

a) $\frac{3}{8}$ l Himbeersirup werden mit 1 l Wasser verdünnt.

b) Sabine stellt Apfelschorle aus $1\frac{1}{4}$ l Apfelsaft und $\frac{2}{4}$ l Mineralwasser her.

c) Jan mischt $1\frac{1}{8}$ l Cola mit $\frac{3}{8}$ l Orangenlimonade.

d) Herstellung von Früchtetee:
Zu $2\frac{2}{10}$ l Tee werden $\frac{5}{10}$ l Fruchtsaft gegeben.

5.
a) $2\frac{1}{6} - 1$ b) $4\frac{7}{8} - 3$ c) $9\frac{3}{4} - 2$ d) $7\frac{2}{5} - 5$ e) $7\frac{4}{9} - 1$ f) $3\frac{2}{9} - 2$
g) $5\frac{2}{7} - 3$ h) $8\frac{5}{8} - 5$ i) $19\frac{2}{7} - 4$ j) $12\frac{1}{2} - 4$ k) $15\frac{2}{3} - 7$ l) $14\frac{4}{5} - 9$

6.
a) $1\frac{2}{3} - \frac{1}{3}$ b) $4\frac{5}{6} - \frac{2}{6}$ c) $7\frac{3}{4} - \frac{2}{4}$ d) $6\frac{5}{9} - \frac{2}{9}$ e) $5\frac{6}{7} - \frac{2}{7}$ f) $2\frac{5}{8} - \frac{3}{8}$
g) $3\frac{4}{5} - \frac{4}{5}$ h) $9\frac{4}{6} - \frac{3}{6}$ i) $2\frac{5}{11} - \frac{2}{11}$ j) $5\frac{8}{14} - \frac{5}{14}$ k) $6\frac{11}{12} - \frac{9}{12}$ l) $7\frac{12}{13} - \frac{5}{13}$

7. Frau Steker hat auf einer Videokassette, die $2\frac{1}{2}$ Stunden läuft, einen einstündigen Film aufgenommen. Wie viel Platz ist noch auf der Kassette?

8. Eine volle Flasche enthält $1\frac{3}{4}$ l Essig. Für eine Salatsoße verbraucht Frau Bauer $\frac{1}{4}$ l. Wie viel Liter Essig bleiben übrig?

9. Advent, Advent, ein Lichtlein brennt, erst eins, …
Bei Familie Geul reicht eine Kerze für zwei Sonntage.
Esther: Wir könnten Kerzen sparen, wenn wir nicht jeden Sonntag die alten und eine neue anzünden.
Katrin: Aber wie viele brauchen wir mindestens und in welcher Reihenfolge müssten wir sie anzünden?

3 Brüche und Dezimalbrüche (1)

10. a) $\frac{3}{4}+\frac{2}{4}$ b) $\frac{5}{6}+\frac{4}{6}$ c) $\frac{3}{7}+\frac{6}{7}$ d) $\frac{8}{10}+\frac{9}{10}$

e) $\frac{2}{3}+\frac{1}{3}$ f) $\frac{5}{8}+\frac{4}{8}$ g) $\frac{3}{5}+\frac{3}{5}$ h) $\frac{8}{9}+\frac{7}{9}$

i) $\frac{3}{5}+\frac{4}{5}$ j) $\frac{5}{6}+\frac{5}{6}$ k) $\frac{5}{7}+\frac{4}{7}$ l) $\frac{6}{10}+\frac{7}{10}$

z.B.: $\frac{2}{3}+\frac{2}{3}=\frac{4}{3}=1\frac{1}{3}$ $1\frac{2}{3}+\frac{2}{3}=1\frac{4}{3}=2\frac{1}{3}$ $\frac{3}{3}=1$

11. a) $2\frac{3}{5}+\frac{4}{5}$ b) $\frac{3}{7}+1\frac{6}{7}$ c) $3\frac{2}{4}+\frac{3}{4}$ d) $\frac{5}{8}+2\frac{7}{8}$ e) $4\frac{8}{10}+\frac{6}{10}$ f) $5\frac{5}{6}+\frac{4}{6}$

g) $3\frac{4}{9}+\frac{6}{9}$ h) $6\frac{4}{8}+\frac{6}{8}$ i) $\frac{9}{10}+4\frac{8}{10}$ j) $\frac{2}{3}+6\frac{1}{3}$ k) $3\frac{4}{7}+\frac{6}{7}$ l) $\frac{3}{6}+7\frac{5}{6}$

12. Ramona besucht ihre Patentante. Sie fährt zunächst $2\frac{3}{4}$ h mit dem Zug und anschließend noch $\frac{1}{4}$ h mit dem Bus. Wie lang ist die gesamte Fahrtzeit?

13. a) $1-\frac{3}{5}$ b) $1-\frac{9}{10}$ c) $1-\frac{4}{9}$ d) $1-\frac{2}{6}$

e) $1-\frac{2}{3}$ f) $1-\frac{3}{8}$ g) $1-\frac{1}{4}$ h) $1-\frac{4}{7}$

i) $1-\frac{5}{8}$ j) $1-\frac{7}{10}$ k) $1-\frac{2}{5}$ l) $1-\frac{1}{20}$

z.B.: $1-\frac{3}{4}=\frac{4}{4}-\frac{3}{4}=\frac{1}{4}$ $2-\frac{3}{4}=1\frac{4}{4}-\frac{3}{4}=1\frac{1}{4}$ $\frac{4}{4}=1$

14. a) $2-\frac{3}{5}$ b) $4-\frac{5}{6}$ c) $7-\frac{1}{7}$ d) $4-\frac{5}{8}$ e) $6-\frac{2}{9}$ f) $5-\frac{3}{10}$

g) $5-\frac{7}{8}$ h) $6-\frac{3}{4}$ i) $4-\frac{2}{10}$ j) $8-\frac{5}{7}$ k) $2-\frac{3}{20}$ l) $4-\frac{4}{6}$

15. Max fährt mit dem Zug zu seiner Tante nach Hannover, genau 4 h dauert die Fahrt nach Plan. Nach $\frac{3}{4}$ h schaut Max ungeduldig auf die Uhr. Wie lange wird die Fahrt noch dauern?

16.

Das wird die leckere Marmelade aus Rhabarber und Johannisbeere. — *Thomas, wieg schon mal den Zucker ab.* — *Wie viel?* — *Genauso viel wie Früchte: $1\frac{1}{4}$ kg plus $2\frac{2}{4}$ kg* — *$1\frac{1}{4}+2\frac{2}{4}$ Erst die Ganzen ... und dann die Brüche.* — *Aha, ich weiß ... kg*

17. a) $4\frac{2}{10}+3\frac{6}{10}$ b) $2\frac{1}{3}+3\frac{1}{3}$ c) $1\frac{4}{7}+2\frac{2}{7}$ d) $5\frac{3}{10}+2\frac{4}{10}$

e) $2\frac{1}{4}+1\frac{1}{4}$ f) $4\frac{1}{5}+2\frac{3}{5}$ g) $7\frac{2}{6}+2\frac{1}{6}$ h) $2\frac{2}{9}+4\frac{3}{9}$

i) $8\frac{3}{20}+1\frac{11}{20}$ j) $4\frac{5}{12}+1\frac{6}{12}$ k) $2\frac{7}{10}+3\frac{2}{10}$ l) $3\frac{3}{8}+2\frac{2}{8}$

Erst die Ganzen, dann die Brüche.

z.B.: $2\frac{1}{8} \xrightarrow{+3\frac{1}{8}} 5\frac{2}{8}$ $2\frac{1}{8} \xrightarrow{+3} 5\frac{1}{8} \xrightarrow{+\frac{1}{8}}$

18. a) $3\frac{5}{9}-2\frac{1}{9}$ b) $4\frac{3}{6}-2\frac{1}{6}$ c) $5\frac{6}{7}-2\frac{3}{7}$ d) $9\frac{7}{10}-3\frac{5}{10}$

e) $5\frac{5}{6}-4\frac{2}{6}$ f) $4\frac{3}{4}-3\frac{2}{4}$ g) $6\frac{5}{8}-4\frac{3}{8}$ h) $9\frac{4}{5}-6\frac{2}{5}$

i) $8\frac{13}{20}-5\frac{7}{20}$ j) $8\frac{13}{15}-2\frac{5}{15}$ k) $3\frac{9}{12}-1\frac{4}{12}$ l) $7\frac{7}{11}-4\frac{3}{11}$

z.B.: $4\frac{5}{7} \xrightarrow{-3\frac{3}{7}} 1\frac{2}{7}$ $4\frac{5}{7} \xrightarrow{-3} 1\frac{5}{7} \xrightarrow{-\frac{3}{7}}$

19. a) $5\frac{7}{8}-3\frac{5}{8}$ b) $3\frac{2}{6}+2\frac{2}{6}$ c) $7\frac{8}{10}-4\frac{6}{10}$ d) $6\frac{2}{7}+4\frac{1}{7}$ e) $9\frac{7}{12}-4\frac{3}{12}$ f) $8\frac{2}{3}-6\frac{1}{3}$

g) $4\frac{2}{5}+3\frac{2}{5}$ h) $5\frac{6}{7}-2\frac{2}{7}$ i) $8\frac{7}{9}-6\frac{3}{9}$ j) $8\frac{1}{10}+1\frac{6}{10}$ k) $3\frac{2}{15}+2\frac{7}{15}$ l) $4\frac{15}{20}-3\frac{7}{20}$

20. Sabine und Jörg radeln sich entgegen. Bis zum Treffpunkt zwischen ihren Wohnungen radelt Sabine $5\frac{3}{4}$ km, Jörg $4\frac{3}{4}$ km. Wie weit wohnen die beiden voneinander entfernt?

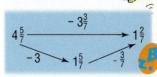

3 Brüche und Dezimalbrüche (1)

21. a) $2\frac{2}{6} + 3\frac{5}{6}$ b) $1\frac{3}{5} + 2\frac{4}{5}$ c) $3\frac{5}{7} + 4\frac{6}{7}$

d) $4\frac{3}{8} + 2\frac{5}{8}$ e) $9\frac{7}{10} + 3\frac{9}{10}$ f) $3\frac{7}{9} + 1\frac{5}{9}$

g) $5\frac{4}{9} + 1\frac{8}{9}$ h) $4\frac{4}{7} + 3\frac{5}{7}$ i) $8\frac{6}{10} + 6\frac{8}{10}$

$2\frac{3}{8} + 3\frac{7}{8}$
$= 5\frac{3}{8} + \frac{7}{8}$
$= 5\frac{10}{8}$
$= 6\frac{2}{8}$

Erst die Ganzen dann die Brüche umwandeln $\frac{8}{8} = 1$

22. Familie Teske wandert auf einem $12\frac{3}{4}$ km langen Rundweg. $8\frac{1}{4}$ km haben sie zurückgelegt. Wie viel km sind noch zu wandern?

23. a) Herr Funke verdünnt 5 l Wandfarbe mit $\frac{3}{8}$ l Wasser. Wie viel l sind es zusammen?

b) Herr Funke mischt graue Farbe. Dazu nimmt er $\frac{3}{4}$ l Weiß und $\frac{2}{4}$ l schwarze Abtönfarbe. Wie viel l graue Farbe ergibt das?

c) Heute arbeitet Herr Funke am Vormittag $4\frac{3}{4}$ Stunden und nach der Mittagspause $3\frac{1}{4}$ Stunden. Berechne seine Arbeitszeit.

24. Wie lang ist der Weg vom Parkplatz aus?

a) Über den Minigolfplatz zum Wildgehege.
b) Am Hünengrab vorbei zum Wildgehege.
c) An der Grillhütte vorbei zum Wildgehege.
d) Am Hünengrab vorbei zur Grillhütte.
e) Am Wildgehege vorbei zur Grillhütte.
f) An der Grillhütte vorbei zum Hünengrab.

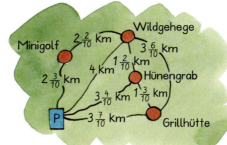

25. Thorsten füllt aus einer 1-l-Limonadenflasche $\frac{1}{4}$ l in sein Glas. Wie viel l bleiben in der Flasche?

26. a) $\frac{1}{7} + \square = 1$ b) $1 - \square = \frac{3}{8}$ c) $\square + \frac{2}{9} = 3$ d) $4 - \square = \frac{2}{6}$ e) $\square - \frac{2}{5} = 3$

27. Eine volle Rolle enthält 3 m Geschenkpapier. Frau Weber verbraucht $\frac{8}{10}$ m. Wie viel Papier bleibt übrig?

28. Klasse 6b fährt ins Landschulheim. Die Fahrt dauert 2 Stunden. Die Schülerinnen und Schüler sind schon $\frac{3}{4}$ Std. unterwegs. Wie lange müssen sie noch fahren?

29. a) $1\frac{1}{3} + \square = 3\frac{2}{3}$ b) $5\frac{4}{8} - \square = 2\frac{1}{8}$ c) $\square + 2\frac{3}{7} = 4\frac{5}{7}$ d) $\square - 1\frac{2}{9} = 3\frac{5}{9}$

30. Simone will für ihren kleinen Bruder einen $2\frac{5}{10}$ m langen Schal stricken. $1\frac{2}{10}$ m sind schon fertig. Wie viel muss sie noch stricken?

31. Patrick hat am Sonntag vormittags $1\frac{2}{4}$ Stunden ferngesehen und nachmittags $2\frac{3}{4}$ Stunden. Wie viele Stunden sind das insgesamt?

32. Frau Heger mischt $1\frac{3}{8}$ kg Schweinefleisch und $\frac{6}{8}$ kg Rindfleisch. Wie viel Fleisch für Gulasch erhält sie?

33. a) $2\frac{2}{7} - \frac{5}{7}$ b) $3\frac{1}{4} - \frac{3}{4}$ c) $4\frac{5}{8} - \frac{7}{8}$ d) $4\frac{2}{5} - \frac{4}{5}$

e) $5\frac{3}{6} - \frac{5}{6}$ f) $4\frac{1}{3} - 1\frac{2}{3}$ g) $4\frac{2}{6} - \frac{3}{6}$ h) $2\frac{2}{7} - \frac{4}{7}$

i) $3\frac{2}{5} - \frac{4}{5}$ j) $5\frac{1}{8} - \frac{6}{8}$ k) $4\frac{3}{9} - \frac{5}{9}$ l) $3\frac{2}{10} - \frac{5}{10}$

$3\frac{1}{3} - \frac{2}{3}$
$= 2\frac{4}{3} - \frac{2}{3}$
$= 2\frac{2}{3}$

1 Ganzes umwandeln: $1 = \frac{3}{3}$

34. Im Metzgerladen wog der Braten $3\frac{1}{4}$ kg, fertig zubereitet zum Essen wiegt er noch $2\frac{3}{4}$ kg. Wie viel kg gingen beim Schmoren „verloren"?

35. Zwei Bruchteile mehr als ein Ganzes und vier Bruchteile weniger als 2 Ganze. Welche Zahl kann es sein?

3 Brüche und Dezimalbrüche (1)

Dezimalbrüche

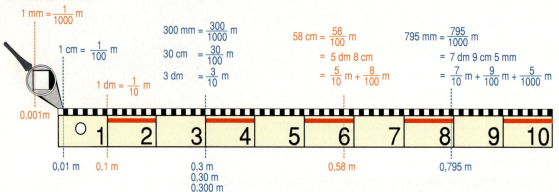

1 mm = $\frac{1}{1000}$ m

1 cm = $\frac{1}{100}$ m

1 dm = $\frac{1}{10}$ m

300 mm = $\frac{300}{1000}$ m

30 cm = $\frac{30}{100}$ m

3 dm = $\frac{3}{10}$ m

58 cm = $\frac{58}{100}$ m
= 5 dm 8 cm
= $\frac{5}{10}$ m + $\frac{8}{100}$ m

795 mm = $\frac{795}{1000}$ m
= 7 dm 9 cm 5 mm
= $\frac{7}{10}$ m + $\frac{9}{100}$ m + $\frac{5}{1000}$ m

0,001 m 0,01 m 0,1 m 0,3 m / 0,30 m / 0,300 m 0,58 m 0,795 m

 Brüche mit dem Nenner 10, 100, 1 000, ... kann man als Dezimalbrüche mit Komma schreiben.

$\frac{1}{10}$ = 0,1 $\frac{1}{100}$ = 0,01 $\frac{1}{1000}$ = 0,001   ...

„Null Komma null vier fünf"

 0,7 = $\frac{7}{10}$ 0,09 = $\frac{9}{100}$ 0,23 = $\frac{2}{10}$ + $\frac{3}{100}$ = $\frac{23}{100}$ 0,045 = $\frac{4}{100}$ + $\frac{5}{1000}$ = $\frac{45}{1000}$

Aufgaben

1. Schreibe als Dezimalbruch.
   a) $\frac{9}{10}$ b) $\frac{3}{1000}$ c) $\frac{7}{1000}$ d) $\frac{6}{100}$ e) $\frac{5}{10}$ f) $\frac{7}{100}$ g) $\frac{4}{100}$ h) $\frac{9}{1000}$

2. Schreibe als Bruch.
   a) 0,6   b) 0,008   c) 0,04   d) 0,006   e) 0,8   f) 0,009   g) 0,03   h) 0,08

3. Schreibe als Dezimalbruch.
   a) $\frac{3}{10} + \frac{7}{100}$ b) $\frac{7}{10} + \frac{3}{100}$ c) $\frac{2}{10} + \frac{3}{100}$ d) $\frac{7}{10} + \frac{6}{100} + \frac{2}{1000}$ e) $\frac{1}{10} + \frac{3}{100} + \frac{7}{1000}$ f) $\frac{9}{10} + \frac{2}{100} + \frac{6}{1000}$

4. Schreibe als Summe von Brüchen mit dem Nenner 10, 100 oder 1000.
   a) 0,34   b) 0,75   c) 0,94   d) 0,387   e) 0,254   f) 0,264

5. Schreibe als Bruch mit dem angegebenen Nenner und dann als Dezimalbruch.
   a) $\frac{10}{100} = \frac{\blacksquare}{10} = 0,\blacksquare$ b) $\frac{10}{1000} = \frac{\blacksquare}{100} = 0,\blacksquare$ c) $\frac{100}{1000} = \frac{\blacksquare}{10} = 0,\blacksquare$ d) $\frac{70}{100} = \frac{\blacksquare}{10} = 0,\blacksquare$
   e) $\frac{300}{1000} = \frac{\blacksquare}{10} = 0,\blacksquare$ f) $\frac{60}{100} = \frac{\blacksquare}{10} = 0,\blacksquare$ g) $\frac{80}{100} = \frac{\blacksquare}{10} = 0,\blacksquare$ h) $\frac{500}{1000} = \frac{\blacksquare}{10} = 0,\blacksquare$

   10 cm = $\frac{10}{100}$ m
   10 cm = 1 dm = $\frac{1}{10}$ m

6. Schreibe als Dezimalbruch.
   a) $\frac{28}{100}$ b) $\frac{33}{100}$ c) $\frac{47}{100}$ d) $\frac{98}{100}$ e) $\frac{72}{100}$ f) $\frac{91}{100}$
   g) $\frac{126}{1000}$ h) $\frac{237}{1000}$ i) $\frac{445}{1000}$ j) $\frac{905}{1000}$ k) $\frac{785}{1000}$ l) $\frac{307}{1000}$

7. Schreibe als Bruch.
   a) 0,74   b) 0,63   c) 0,54   d) 0,29   e) 0,94   f) 0,82
   g) 0,146   h) 0,421   i) 0,732   j) 0,654   k) 0,938   l) 0,278

Stellenwerttafel

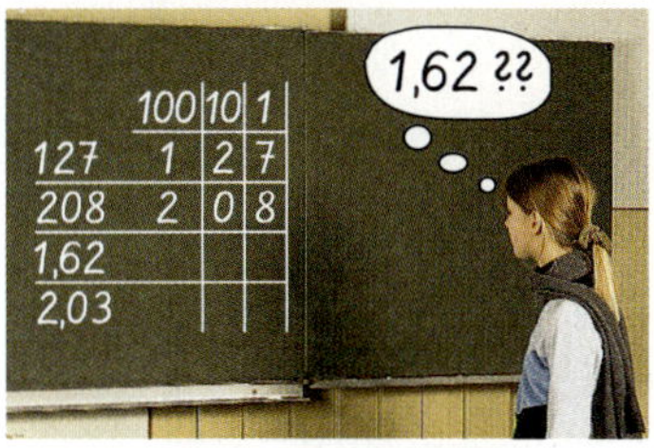
1,62 ??
100 10 1
127 1 2 7
208 2 0 8
1,62
2,03

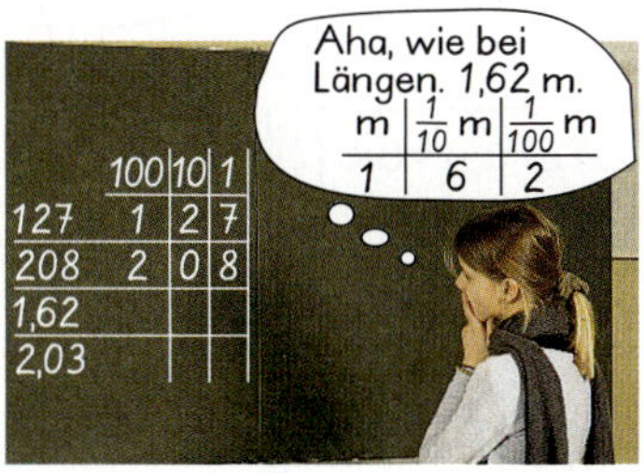
Aha, wie bei Längen. 1,62 m.
m $\frac{1}{10}$ m $\frac{1}{100}$ m
1 6 2
100 10 1
127 1 2 7
208 2 0 8
1,62
2,03

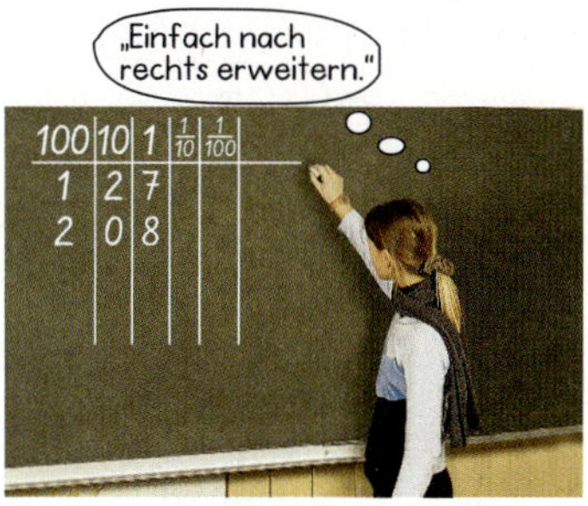
„Einfach nach rechts erweitern."
100 10 1 $\frac{1}{10}$ $\frac{1}{100}$
1 2 7
2 0 8

! Zur Darstellung von Dezimalbrüchen wird die Stellenwerttafel nach rechts erweitert.
An der ersten Stelle nach dem Komma stehen die Zehntel, an der zweiten die Hundertstel …

z.B.

100	10	1	$\frac{1}{10}$	$\frac{1}{100}$	$\frac{1}{1000}$
		7,	3	4	5

7,345

$= 7 + \frac{3}{10} + \frac{4}{100} + \frac{5}{1000} = \frac{7345}{1000} = 7\frac{345}{1000}$

100	10	1	$\frac{1}{10}$	$\frac{1}{100}$	$\frac{1}{1000}$
		2,	0	5	

2,05

$= 2 + \frac{0}{10} + \frac{5}{100} = \frac{205}{100} = 2\frac{5}{100}$

Aufgaben

1. Schreibe die Zahl aus der Stellenwerttafel als Dezimalbruch und dann als Bruch.

	100	10	1	$\frac{1}{10}$	$\frac{1}{100}$	$\frac{1}{1000}$
a)		1	2	2	4	
b)			9	5	7	3
c)		2	7	0	2	4
d)			1	2	0	5
e)	3	4	8	7		
f)		2	3	5	0	4
g)	5	3	1	0	6	

2. Trage in eine Stellenwerttafel ein und schreibe als Dezimalbruch.

a) $\frac{7}{100}$ b) $\frac{503}{100}$ c) $\frac{2204}{100}$ d) $\frac{42}{10}$ e) $\frac{7}{1000}$
f) $\frac{234}{10}$ g) $\frac{875}{1000}$ h) $\frac{1715}{10}$ i) $\frac{23}{1000}$ j) $\frac{18475}{1000}$

3. Welche Nullen darf man bei der Zahl in der Stellenwerttafel weglassen, ohne dass sich der Wert der Zahl ändert? Schreibe als Dezimalbruch so kurz wie möglich.

	100	10	1	$\frac{1}{10}$	$\frac{1}{100}$	$\frac{1}{1000}$
a)			1	0	2	0
b)			0	1	7	4
c)		1	0	0	5	0
d)			6	0	0	0
e)	2	1	0	1	0	6
f)			0	0	0	8
g)		0	0	3	0	0

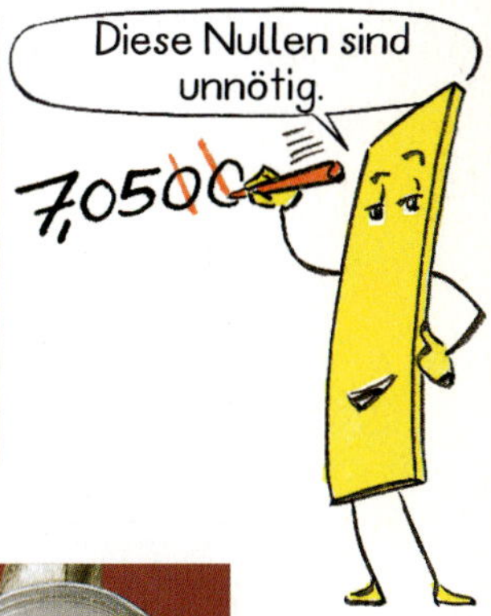
Diese Nullen sind unnötig.
7,0500

4. Trage in eine Stellenwerttafel ein. Lass dabei unnötige Nullen weg. Schreibe auch als Bruch.

a) 1,070 b) 10,100 c) 23,000 d) 5,002
e) 2,004 f) 7,300 g) 17,305 h) 2,050

5. Lies den Wasserverbrauch ab. Schreibe als Dezimalbruch und als Bruch.

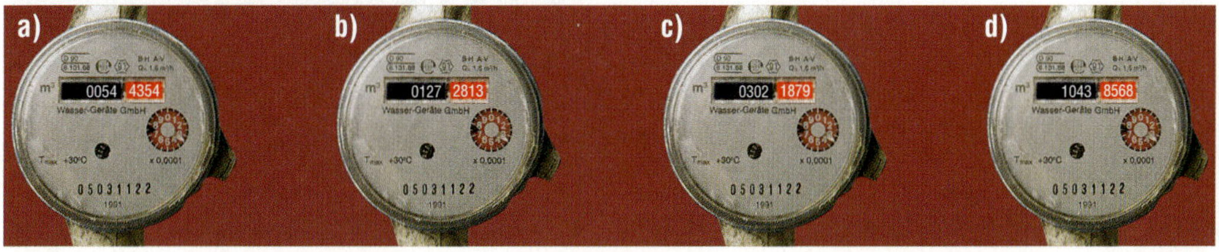
a)
0054 4354
b)
0127 2813
c)
0302 1879
d)
1043 8568

3 Brüche und Dezimalbrüche (1)

Ordnen von Dezimalbrüchen

Am Zahlenstrahl liegt die kleinere Zahl links von der größeren.

0,2 < 0,3

Dezimalbrüche werden der Größe nach verglichen, indem man ihre Ziffern stellenweise von links nach rechts vergleicht.

Der erste Unterschied entscheidet.

6,348 < 6,352

Aufgaben

1. Ordne jedem Dezimalbruch den passenden Buchstaben zu.

a) 5,2   8,6   0,9   5,7   12,4   11,2   2,7   10,5

G bei 1, C bei 2, E bei 5, L bei 5, N bei 8, H bei 10, S bei 11, I bei 11

Du erhältst ein Schulfach.

b) 0,83   0,46   0,03   1,17   0,58   0,16   1,06   0,95   0,33   0,55

S bei 0,0; I bei 0,2; T bei 0,3; E bei 0,4; E bei 0,5; H bei 0,5; G bei 0,8; H bei 0,9; C bei 1,0; C bei 1,1

2. Setze das richtige Zeichen ein: <, > oder =.

a) 1,7 ■ 1,07   b) 2,4 ■ 2,40   c) 0,03 ■ 0,13   d) 4,67 ■ 4,86

e) 2,03 ■ 2,04   f) 1,7 ■ 1,70   g) 6,040 ■ 6,041   h) 7,87 ■ 78,7

3. Ordne nach der Größe, die kleinste Zahl zuerst.

a) 3,54   3,64   3,45   b) 0,5   0,15   0,51   c) 2,075   2,74   2,69

4. Beim Schwimmwettkampf wurden folgende Zeiten gestoppt. Stelle die Siegerliste auf.

a) 50 m Brust	
Oord	36,10 s
Kempf	35,78 s
Berg	35,78 s
Donner	36,04 s
Wollny	35,43 s

b) 50 m Rücken	
Beer	39,90 s
Nagel	39,59 s
Schmitt	40,36 s
Siek	39,49 s
Wiese	40,16 s

Runden von Dezimalbrüchen

Dezimalbrüche rundet man nach derselben Rundungsregel wie natürliche Zahlen.

Bei 0, …, 4 als nächster Ziffer **ab**runden.

Bei 5, …, 9 als nächster Ziffer **auf**runden.

2,738 ≈ 2,7   gerundet auf Zehntel   3,592 ≈ 3,6
0,342 ≈ 0,34 gerundet auf Hundertstel 2,685 ≈ 2,69

Aufgaben

1. Runde auf Zehntel.
a) 5,64   b) 3,75   c) 2,94   d) 3,17   e) 9,35   f) 8,42   g) 4,63
   6,28   2,354   8,379   4,298   5,279   6,028   5,309

2. Runde auf Hundertstel.
a) 8,475   b) 7,218   c) 2,653   d) 6,781   e) 9,352   f) 3,794   g) 3,555
   7,549   2,3674   4,3999   5,4321   7,4583   6,5278   9,8765

3. Runde auf Tausendstel.
a) 2,3947   b) 0,8342   c) 7,4389   d) 6,5139   e) 8,0808   f) 6,4397

4. Runde alle Preise auf volle Euro.

5.

6. Runde auf cm.
a) 3,743 m   b) 5,639 m   c) 6,720 m   d) 5,647 m   e) 2,384 m   f) 9,271 m
   9,838 m   4,725 m   9,342 m   4,325 m   8,125 m   8,624 m

7. Runde sinnvoll. Gib jeweils an, auf welche Stelle du gerundet hast.

a)
b) O je! Schon wieder 1,523 kg zugenommen.
c)

3 Brüche und Dezimalbrüche (1)

Addieren und Subtrahieren von Dezimalbrüchen

Dezimalbrüche werden addiert oder subtrahiert

① als Brüche mit gleichem Nenner. oder ② wie natürliche Zahlen in der Stellenwerttafel.

$2{,}3 + 0{,}8 = \frac{23}{10} + \frac{8}{10} = \frac{31}{10} = 3{,}1$

1	$\frac{1}{10}$
2	3
0	8
3	1

Aufgaben

1. Rechne im Kopf.

a) $0{,}2 + 0{,}3$
   $0{,}7 + 0{,}2$

b) $1{,}3 + 1{,}2$
   $2{,}5 - 1{,}3$

c) $1{,}5 - 0{,}4$
   $2{,}4 - 0{,}3$

d) $0{,}23 + 0{,}15$
   $0{,}16 + 0{,}32$

e) $0{,}25 - 0{,}13$
   $0{,}78 - 0{,}56$

f) $0{,}6 - 0{,}3$
   $0{,}8 - 0{,}4$

g) $0{,}4 + 0{,}3$
   $0{,}1 + 0{,}6$

h) $3{,}4 + 2{,}5$
   $2{,}9 - 1{,}7$

i) $0{,}13 + 0{,}25$
   $0{,}25 + 0{,}33$

j) $0{,}74 - 0{,}51$
   $0{,}73 - 0{,}62$

2. Der Größe nach: süß und lecker.

| 5,3 − 0,6 | S | | 0,7 + 0,9 | U | | 0,3 + 0,8 | B | | 2,9 + 0,7 | E | | 3,5 + 0,9 | K |
| 3,2 − 0,5 | R | | 2,4 − 0,6 | T | | 1,6 + 0,6 | T | | 2,7 + 0,4 | K | | 1,8 + 0,5 | E |

3.

a) $0{,}4 + 0{,}03$
   $0{,}05 + 0{,}2$

b) $0{,}2 + 0{,}23$
   $0{,}37 + 0{,}4$

c) $0{,}34 - 0{,}02$
   $0{,}07 - 0{,}03$

d) $0{,}78 - 0{,}4$
   $0{,}20 - 0{,}05$

e) $0{,}64 - 0{,}03$
   $1{,}45 + 0{,}4$

f) $1{,}3 + 0{,}02$
   $0{,}24 + 1{,}02$

g) $1{,}4 + 0{,}28$
   $0{,}14 + 1{,}5$

h) $1{,}48 - 0{,}20$
   $3{,}08 - 1{,}06$

i) $0{,}5 - 0{,}01$
   $0{,}3 - 0{,}02$

j) $0{,}81 - 0{,}7$
   $1{,}8 + 0{,}05$

Achtung! Immer gleiche Stellenwerte addieren oder subtrahieren.

4. Wie viel Geld haben die Kinder jeweils ausgegeben?

Peter	Sara	Andreas	Denisé
Chips 1,50 €	Bonbons 1,39 €	Eis 1,20 €	Bananen 1,55 €
Cola 0,59 €	Kaugummi 0,60 €	Schokolade 0,78 €	Kekse 1,35 €

5.
a) Auf einem Stoffballen sind noch 9,85 m Stoff. Eine Kundin verlangt 2,35 m.
b) Herr Sonters sägt von einer 3,80 m langen Holzlatte 1,24 m ab.
c) Carina hat zum Ausflug 6,50 € mitgenommen. Davon hat sie 4,75 € ausgegeben.

6. Rechne mit Brüchen oder Dezimalbrüchen.

a) $0{,}3 + \frac{6}{10}$
b) $0{,}5 - \frac{4}{10}$
c) $\frac{9}{10} - 0{,}6$
d) $\frac{9}{10} + 0{,}2$
e) $\frac{3}{10} + 0{,}8$
f) $0{,}09 - \frac{7}{100}$
g) $\frac{7}{100} + 0{,}01$
h) $0{,}02 + \frac{6}{100}$
i) $0{,}07 - \frac{4}{100}$
j) $\frac{6}{100} + 0{,}05$

3 Brüche und Dezimalbrüche (1)

Schriftlich Addieren und Subtrahieren

12,34 + 143,85 + 7,49	12,34 +143,85 + 7,49	12,34 +143,85 + 7,49 163,68
Untereinander schreiben ...	Einer unter Einer, Komma unter Komma, ...	Addieren wie natürliche Zahlen. Zuletzt Komma nicht vergessen.

Aufgaben

1.
a) 26,36 + 89,45
b) 95,72 + 29,88
c) 122,94 + 31,68
d) 156,8 + 79,7
e) 89,83 + 76,52
f) 297,942 + 58,696

2. Beim Skislalom gibt es zwei Wertungsläufe, deren Ergebnisse addiert werden. Sieger ist der Läufer mit der besten Gesamtzeit. Berechne für jeden Läufer die Gesamtzeit. Stelle eine Siegerliste auf.

Läufer	1. Lauf	2. Lauf
Spitzer	54,76 s	55,84 s
Mollenhauer	52,95 s	53,47 s
Sperling	53,48 s	54,75 s
Wetzke	55,39 s	53,85 s
Schleef	54,13 s	52,59 s

Vom Größten zum Kleinsten ein Tier.

3.

| 133,78 + 81,42 | O | 159,73 + 219,81 | R | 72,34 + 18,93 | I | 273,9 + 119,2 | K |
| 132,5 + 63,8 | D | 256,94 + 37,65 | O | 42,73 + 192,13 | K | 23,7 + 58,4 | L |

4.
a) 123,75 + 245,83 + 89,04
b) 35,73 + 126,94 + 83,61
c) 254,942 + 82,825 + 76,437
d) 85,62 + 181,73 + 294,34
e) 291,74 + 72,31 + 44,95
f) 336,454 + 83,746 + 126,928

5.
a) 48,35 − 29,64
b) 93,47 − 86,93
c) 76,4 − 63,9
d) 67,49 − 33,72
e) 95,62 − 53,99
f) 95,93 − 67,29

6.
a) 538,74 − 116,93
b) 633,5 − 89,4
c) 482,34 − 216,68
d) 285,76 − 89,34
e) 492,456 − 113,243
f) 666,437 − 258,135

7.

| 275,4 − 83,9 | H | 72,35 − 48,42 | G | 352,3 − 53,6 | C | 64,37 − 57,52 | E |
| 86,93 − 47,69 | A | 93,54 − 56,96 | N | 152,86 − 78,49 | L | 857,21 − 248,10 | S |

Und noch ein Tier.

8. Schreibe richtig untereinander und rechne schriftlich.
a) 38,54 + 122,8
b) 87,3 + 19,358
c) 189,74 + 37,6
d) 123,54 + 26,456
e) 56,82 − 38,4
f) 89,354 − 46,9
g) 85,174 − 59,67
h) 98,7 − 64,35

Nullen ergänzen.

3 Brüche und Dezimalbrüche (1)

9. Addiere immer zwei Zahlen in nebeneinander liegenden Feldern. Schreibe das Ergebnis in das Feld darüber. Kontrolliere mit dem obersten Feld.

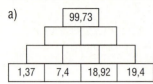
a) 99,73 / 1,37 7,4 18,92 19,4

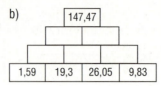
b) 147,47 / 1,59 19,3 26,05 9,83

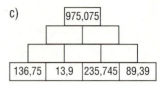
c) 975,075 / 136,75 13,9 235,745 89,39

10. Subtrahiere die kleinere Zahl von der größeren Zahl.
a) 9,745 und 9,754 b) 145,949 und 145,999 c) 1 034,78 und 1 043,78 d) 32,123 und 23,79
e) 8,634 und 8,346 f) 213,886 und 213,868 g) 1 053,62 und 1 503,62 h) 52,86 und 52,862

11. Berechne das Gesamtgewicht.

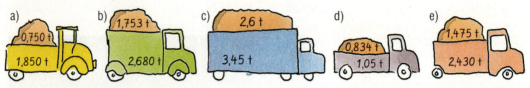

a) 0,750 t; 1,850 t   b) 1,753 t; 2,680 t   c) 2,6 t; 3,45 t   d) 0,834 t; 1,05 t   e) 1,475 t; 2,430 t

12.
a) 12,25 + ■ = 17,13   b) 18,75 − ■ = 16,34   c) ■ + 19,43 = 83,75
d) 85,22 − ■ = 49,28   e) ■ − 23,43 = 47,58   f) 62,43 + ■ = 192,38
g) 13,04 + ■ = 27,5   h) ■ + 62,4 = 81,47   i) 91,7 − ■ = 36,43

13. Wie viel kg wiegt allein die Verpackung?

 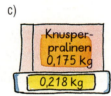 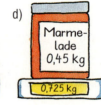 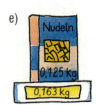

a) Sauerkraut 0,810 kg / 0,925 kg
b) Vollkorn-Smackies 0,375 kg / 0,437 kg
c) Knusperpralinen 0,175 kg / 0,218 kg
d) Marmelade 0,45 kg / 0,725 kg
e) Nudeln 0,125 kg / 0,163 kg

14. Wie hoch war das alte Guthaben auf dem Sparbuch?

a) altes Guthaben ■ €	b) altes Guthaben ■ €	c) altes Guthaben ■ €
Auszahlung 150,00 €	Einzahlung 153,23 €	Auszahlung 275,80 €
neues Guthaben 375,58 €	neues Guthaben 548,75 €	neues Guthaben 592,53 €

15. Wie viel Geld bleibt übrig?

a) 100 € / 49,95   b) 200 € / 55,50; 28,95   c) 200 € / 29,95; 39,85; 29,95

16.
a) 1*,84   b) 117,83   c) *2,347   d) *43,26   e) ***,**   f) 3748,94
  + 123,*3   − **,**   + 43,8**   + 31,*4   − 404,81   − ****,26
    9,2*   39,21   86,*49   + 5,6*   144,44   1125,**
                                                           741,43

3 Brüche und Dezimalbrüche (1)

17.

Mit welchen Containern passt der Lkw unter der Brücke hindurch? Überschlage, dann rechne genau.

18. Benedikt geht auf dem Weg zur Schule zunächst 0,850 km zu Fuß, dann fährt er 4,8 km mit dem Bus. Von der Bushaltestelle bis zur Schule sind es 0,26 km. Wie lang ist sein Schulweg?

19. Eine Fleischereifachverkäuferin schneidet von einem 4,8 kg schweren Bratenstück 2,267 kg ab. Wie viel Fleisch bleibt übrig?

20. Christine möchte für ihre Geburtstagsfeier Studentenfutter herstellen. Sie mischt 0,250 kg Haselnüsse, 0,125 kg Rosinen, 0,150 kg Mandeln und 0,1 kg Paranüsse. Wie viel Studentenfutter erhält sie insgesamt?

21. a) Familie Heger hat fleißig Erdbeeren gepflückt. Herr Heger hat 2,5 kg in seinem Korb, Frau Heger 2,34 kg, Benny 1,65 kg und seine kleine Schwester Anna 1,86 kg. Wie viel Erdbeeren haben sie insgesamt?

b) Wie viel kg hat Benny weniger als seine kleine Schwester?

c) Frau Bollich bezahlt für ein 5-kg-Körbchen 10,75 €. Im Supermarkt kostet dieselbe Menge 13,48 €. Wie viel € hat sie gespart?

22. Herr Bloem liest jeden Monat den Stand seiner Wasseruhr ab.

a) Wie viel m³ Wasser hat er in den Monaten Januar, Februar und März verbraucht?

b) Wie hoch war der Gesamtverbrauch in den ersten vier Monaten?

c) Wie viel m³ Wasser wurde im März weniger verbraucht als im April?

Datum	Stand der Wasseruhr
1. 1. 98	1 732,334 m³
1. 2. 98	1 751,456 m³
1. 3. 98	1 769,789 m³
1. 4. 98	1 786,123 m³
1. 5. 98	1 805,369 m³

23. Überschlage die Kosten, rechne dann genau.

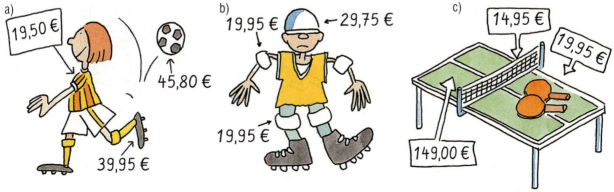

24. Frau Blanke kauft eine Hose zu 49,80 €, einen Gürtel zu 19,95 € und eine Bluse zu 59,70 €. Sie zahlt mit einem 200-€-Schein. Wie viel € bekommt sie zurück? Überschlage, rechne dann genau.

Sportfest

3. Brüche und Dezimalbrüche (1)

Sportfest

1. Wie viele Kinder kamen zum Sportfest?
   a) 1. Tag: 561 Zuschauer, davon $\frac{1}{3}$ Kinder.
   b) 2. Tag: 464 Zuschauer, davon $\frac{1}{4}$ Kinder.

2. An den beiden Wettkampftagen wurden folgende Einnahmen erzielt:

	1. Tag	2. Tag
Eintritt	1 870 €	1 624 €
Getränkestand	1 477,50 €	1 429,50 €
Cafeteria	1 325,50 €	1 217,50 €
Würstchenbude	840 €	783 €

   a) Berechne die Gesamteinnahme.
   b) Für Pokale, Würstchen und Getränke wurden vorher 2 717,75 DM ausgegeben. Wie viel Geld bleibt von den Einnahmen übrig?

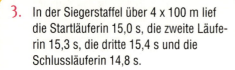

3. In der Siegerstaffel über 4 x 100 m lief die Startläuferin 15,0 s, die zweite Läuferin 15,3 s, die dritte 15,4 s und die Schlussläuferin 14,8 s.
   a) Berechne die Siegerzeit.
   b) Die langsamste Staffel benötigte 61,2 s. Berechne den Zeitunterschied.

4. Im 50-m-Lauf wurden folgende Zeiten erreicht. Welche Plätze belegten die Teilnehmer?

Berg, S.	Wang, D.	Lehn, P.	Helmdach, T.	Hermsmeier, B.	Laufenberg, M.
7,5 s	7,8 s	7,3 s	8,1 s	8,4 s	8,0 s

Sportfest
3 Brüche und Dezimalbrüche (1)

5. Hier siehst du die Weiten der fünf besten Kugelstoßer. Welcher Stoß wurde jeweils gewertet und welchen Platz belegte der Teilnehmer?

	1. Stoß	2. Stoß	3. Stoß
Uding, S.	8,35 m	8,40 m	8,45 m
Böllhoff, B.	8,23 m	ungültig	8,33 m
Meier, J.	8,51 m	8,56 m	8,24 m
Casiaro, R.	ungültig	8,36 m	8,18 m
Pelz, T.	8,31 m	8,38 m	8,42 m

6. Der LC Adorf nahm mit der größten Mannschaft am Sportfest teil. Berechne, wie viele Sportler aus Adorf an den einzelnen Wettkämpfen teilgenommen haben.

a) Weitsprung: $\frac{1}{5}$ von 15 Teilnehmern

b) Kugelstoßen: $\frac{3}{8}$ von 24 Teilnehmern

c) Hochsprung: $\frac{2}{9}$ von 18 Teilnehmern

d) 1 000-m-Lauf: $\frac{2}{7}$ von 21 Teilnehmern

7. Berechne den Unterschied. Eine Kugel für die männliche A-Jugend wiegt 6,25 kg, die für die weibliche A-Jugend 4 kg.

8. Welche Plätze belegten die Mädchen im Weitsprung?

	1. Sprung	2. Sprung	3. Sprung
Adrians, J.	3,48 m	3,42 m	ungültig
Handlanger, K.	3,48 m	3,35 m	3,41 m
Moser, A.	ungültig	3,47 m	3,53 m
Seipel, A.	3,43 m	3,52 m	3,36 m
Busch, M.	3,26 m	3,18 m	3,23 m
Özlar, S.	ungültig	3,24 m	3,33 m

Testen, Üben, Vergleichen
3 Brüche und Dezimalbrüche (1)

1. a) $\frac{1}{2}$ von 40 € b) $\frac{1}{3}$ von 60 €
   c) $\frac{1}{8}$ von 56 € d) $\frac{1}{7}$ von 42 €
   e) $\frac{1}{5}$ von 300 € f) $\frac{1}{4}$ von 120 €

2. a) $\frac{3}{5}$ von 10 m b) $\frac{6}{8}$ von 8 m
   c) $\frac{2}{3}$ von 18 m d) $\frac{2}{7}$ von 21 m
   e) $\frac{3}{10}$ von 50 m f) $\frac{5}{6}$ von 24 m

3. Schreibe als gemischte Zahl:
   a) $\frac{5}{3}$ b) $\frac{8}{7}$ c) $\frac{9}{5}$ d) $\frac{11}{4}$
   e) $\frac{17}{4}$ f) $\frac{25}{6}$ g) $\frac{29}{3}$ h) $\frac{19}{5}$

4. a) $\frac{3}{7} + \frac{2}{7}$ b) $\frac{4}{5} - \frac{3}{5}$ c) $\frac{5}{12} + \frac{9}{12}$
   d) $\frac{9}{10} - \frac{2}{10}$ e) $\frac{2}{6} + \frac{5}{6}$ f) $\frac{7}{8} - \frac{3}{8}$

5. a) $1\frac{1}{3} + 2$ b) $2\frac{2}{5} + 3\frac{1}{5}$ c) $4\frac{2}{7} + 2\frac{1}{7}$
   d) $4\frac{3}{8} - 2$ e) $7\frac{5}{7} - 1\frac{3}{7}$ f) $5\frac{2}{3} - 3\frac{1}{3}$

6. a) $1 - \frac{7}{8}$ b) $3 - \frac{2}{3}$ c) $3\frac{3}{5} - \frac{4}{5}$
   d) $3\frac{2}{3} + 1\frac{2}{3}$ e) $2\frac{3}{7} - \frac{6}{7}$ f) $1\frac{3}{4} + 2\frac{3}{4}$

7. Schreibe als Dezimalbruch:
   a) $\frac{3}{10}$ b) $\frac{17}{100}$ c) $\frac{14}{10}$ d) $\frac{200}{100}$
   e) $\frac{5}{1000}$ f) $\frac{273}{100}$ g) $\frac{45}{100}$ h) $\frac{123}{10}$

8. Schreibe als Bruch:
   a) 0,73 b) 1,6 c) 1,03
   d) 0,048 e) 1,40 f) 7,031

9. Runde auf Zehntel.
   a) 1,58 b) 13,75 c) 9,42
   8,03 7,52 8,36

10. Runde auf Hundertstel.
    a) 1,347 b) 2,083 c) 0,926
    5,426 13,5256 0,0519

11. a) 0,3 + 0,4 b) 0,9 + 0,2 c) 0,8 − 0,4
    d) 1,3 + 1,6 e) 2,8 − 2,4 f) 1,2 + 1,9
    g) 1,3 − 0,7 h) 2,2 − 0,4 i) 2,4 + 3,9

12. a) 5,34 b) 13,68 c) 15,74
    + 7,15 + 8,25 − 6,51

$\frac{1}{2}$ (ein halb), $\frac{1}{3}$ (ein Drittel), $\frac{1}{4}$ (ein Viertel), usw. heißen Stammbrüche.

Man erhält einen Bruchteil eines Ganzen so:
(1) Das Ganze wird in so viele Teile zerlegt, wie der Nenner angibt.
(2) Man nimmt so viele Teile, wie der Zähler angibt.

Brüche, die größer als ein Ganzes sind, kann man als gemischte Zahl schreiben.

$\frac{5}{4} = 1\frac{1}{4}$

Brüche mit gleichem Nenner werden addiert (subtrahiert), indem man die Zähler addiert (subtrahiert) und den Nenner unverändert lässt.
$\frac{1}{5} + \frac{2}{5} = \frac{1+2}{5} = \frac{3}{5}$ $\frac{4}{5} - \frac{2}{5} = \frac{4-2}{5} = \frac{2}{5}$

Man addiert (subtrahiert) eine gemischte Zahl, indem man zuerst die Ganzen addiert (subtrahiert) und dann den Bruch addiert (subtrahiert).
$2\frac{3}{5} + 1\frac{1}{5} = 3\frac{3}{5} + \frac{1}{5} = 3\frac{4}{5}$ $8 - 2\frac{1}{4} = 6 - \frac{1}{4} = 5\frac{3}{4}$

Brüche mit dem Nenner 10, 100, 1 000, … kann man als Dezimalbrüche mit Komma schreiben.
$\frac{1}{10} = 0,1$ $\frac{1}{100} = 0,01$ $\frac{1}{1000} = 0,001$

Man rundet Dezimalbrüche nach derselben Rundungsregel wie natürliche Zahlen.
2,73 ≈ 2,7   3,55 ≈ 3,6
(gerundet auf Zehntel)

Dezimalbrüche können addiert (subtrahiert) werden als Brüche mit gleichem Nenner oder wie natürliche Zahlen in der Stellenwerttafel.
1,3 + 1,5
$= \frac{13}{10} + \frac{15}{10} = \frac{28}{10} = 2,8$

10	1	$\frac{1}{10}$	$\frac{1}{100}$
	1	3	
	1	5	
	2	8	

Testen, Üben, Vergleichen
3 Brüche und Dezimalbrüche (1)

1. Berechne.
   a) $\frac{2}{6}$ von 12 € b) $\frac{3}{8}$ von 24 kg c) $\frac{7}{5}$ von 15 m d) $\frac{2}{3}$ von 90 cm e) $\frac{3}{4}$ von 36 €
   f) $\frac{1}{7}$ von 700 kg g) $\frac{2}{6}$ von 180 m h) $\frac{3}{9}$ von 72 € i) $\frac{3}{8}$ von 240 cm j) $\frac{5}{7}$ von 63 kg

2. Schreibe als gemischte Zahl.
   a) $\frac{7}{5}$ b) $\frac{13}{8}$ c) $\frac{19}{12}$ d) $\frac{21}{4}$ e) $\frac{35}{7}$ f) $\frac{49}{6}$ g) $\frac{46}{9}$ h) $\frac{87}{10}$

3. a) $\frac{2}{7} + \frac{3}{7}$ b) $\frac{3}{8} + \frac{2}{8}$ c) $\frac{4}{12} + \frac{3}{12}$ d) $\frac{1}{9} + \frac{7}{9}$ e) $\frac{3}{10} + \frac{5}{10}$ f) $\frac{4}{8} + \frac{3}{8}$

4. a) $\frac{7}{8} - \frac{5}{8}$ b) $\frac{3}{4} - \frac{1}{4}$ c) $\frac{5}{7} - \frac{3}{7}$ d) $\frac{10}{12} - \frac{5}{12}$ e) $\frac{9}{10} - \frac{3}{10}$ f) $\frac{6}{8} - \frac{3}{8}$

5. a) $5 + \frac{1}{3}$ b) $3\frac{1}{7} + 4$ c) $3\frac{2}{6} + \frac{3}{6}$ d) $5\frac{1}{8} - 4$ e) $3\frac{5}{6} - \frac{4}{6}$ f) $4\frac{3}{7} - \frac{1}{7}$

6. a) $1\frac{1}{3} + 3\frac{1}{3}$ b) $3\frac{2}{7} + 2\frac{3}{7}$ c) $2\frac{2}{8} + 1\frac{3}{8}$ d) $5\frac{9}{10} - 3\frac{2}{10}$ e) $6\frac{8}{9} - 2\frac{5}{9}$ f) $3\frac{3}{5} - 1\frac{2}{5}$

7. a) $\frac{3}{5} + 3\frac{4}{5}$ b) $1\frac{5}{7} + \frac{4}{7}$ c) $2\frac{4}{6} + 1\frac{3}{6}$ d) $2\frac{7}{9} + \frac{5}{9}$ e) $3\frac{3}{4} + 2\frac{3}{4}$ f) $2\frac{7}{8} + 1\frac{3}{8}$

8. a) $1 - \frac{3}{7}$ b) $3 - \frac{1}{4}$ c) $2\frac{1}{4} - \frac{3}{4}$ d) $4\frac{2}{7} - \frac{5}{7}$ e) $3\frac{2}{8} - \frac{5}{8}$ f) $2\frac{1}{5} - \frac{3}{5}$

9. Schreibe als Dezimalbruch.
   a) $\frac{7}{10}$ b) $\frac{3}{100}$ c) $\frac{39}{100}$ d) $\frac{35}{10}$ e) $\frac{284}{1000}$ f) $\frac{273}{100}$

10. Schreibe als Bruch.
    a) 0,9 b) 0,004 c) 55 d) 1,8 e) 3,42 f) 2,05

11. Setze das richtige Zeichen <, > oder = ein.
    a) 2,6 ▪ 2,06 b) 2,06 ▪ 2,07 c) 1,87 ▪ 1,78 d) 5,060 ▪ 5,061

12. Runde auf Zehntel.
    a) 0,842 b) 9,713 c) 4,014 d) 3,506 e) 2,181 f) 9,375

13. a) 17,3 + 49,5 b) 26,05 + 89,74 c) 129,58 + 283,45 d) 82,54 − 48,75 e) 123,75 − 52,83 f) 345,05 − 176,48

14. Schreibe richtig untereinander und addiere schriftlich.
    a) 126,83 + 82,4 b) 8,32 + 19,75 + 123,09 c) 150 + 83,94 d) 72,5 + 139,43 + 320,098

15. Schreibe richtig untereinander und subtrahiere schriftlich.
    a) 129,48 − 89,7 b) 256,92 − 113,43 c) 83,7 − 25,43 d) 783 − 294,36

16. Überschlage erst die Kosten und rechne dann genau.
    a) Frau Nagel kauft eine Kette zu 183,95 €, einen Ring zu 49,75 € und Ohrstecker zu 38,50 €.
    b) Herr Soffner hat dreimal getankt. Montag für 45,73 €, Mittwoch für 57,52 € und Freitag für 30 €.

17. a) Peter möchte sich einen Walkman für 49,95 € kaufen. Er hat 24,75 € gespart und bekommt von seiner Oma 10 €. Wie viel € fehlen noch?
    b) Martina möchte sich einen Discman für 89,50 € kaufen. Sie hat 32,83 € gespart und bekommt von ihrem Opa 30 €. Wie viel € fehlen noch?

4 Symmetrie

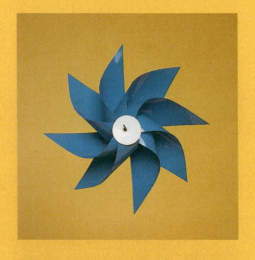

4 Symmetrie

4 Symmetrie

Achsensymmetrie und Spiegelung

Eine Figur ist achsensymmetrisch, wenn sie mindestens eine Symmetrieachse besitzt.

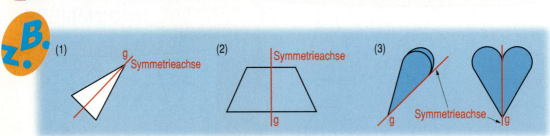

Aufgaben

1. Falte und schneide Papier so, dass du ungefähr die abgebildete Figur erhältst.

2. Wie viele Symmetrieachsen haben die Flaggen? Skizziere im Heft und mit den Symmetrieachsen.

3. Bestimme bei dem Foto die Lage der Symmetrieachse(n).

a) 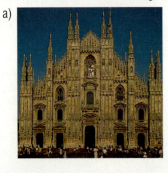 b)  c)

4. Übertrage ins Heft und ergänze zu achsensymmetrischen Figuren. Überprüfe mit Spiegel oder Falten.

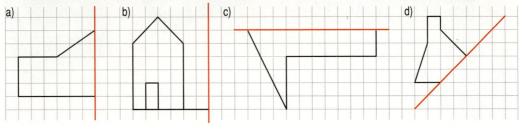

4 Symmetrie

5. Welche Buchstaben sind achsensymmetrisch? Zeichne sie mit ihren Symmetrieachsen in dein Heft.

A B C D E F G H I J K L M N

6. Welche Ziffern sind achsensymmetrisch? Zeichne sie mit ihren Symmetrieachsen in dein Heft.

0 1 2 3 4 5 6 7 8 9

7. Wurde richtig gespiegelt? Gib an, wo Fehler gemacht wurden.

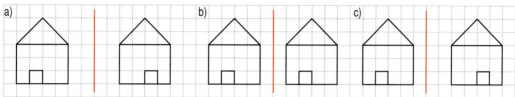

8. Übertrage die Figur ins Heft und spiegele sie an der Spiegelachse g.

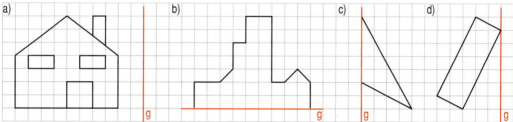

9. Übertrage die Figur und spiegele sie an der Geraden g. Verwende das Geodreieck.

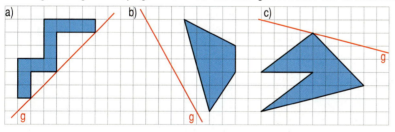

rechter Winkel, gleicher Abstand.

10. Die Punkte A bis G sollen an der Geraden g gespiegelt werden. Nenne die Bildpunkte A' bis G' (lies: „A Strich bis G Strich"). Gib die Koordinaten der Bildpunkte an.

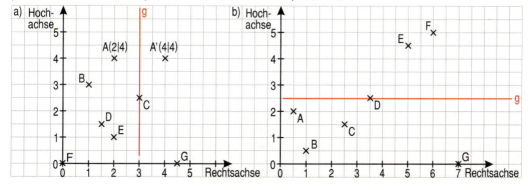

Falten und schneiden

1. Falte ein kariertes Blatt entlang einer Gitterlinie. Schneide wie gezeigt aus. Welche Figur entsteht?

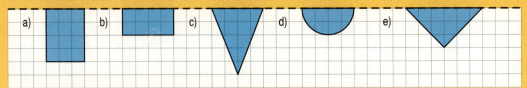

2. a) Falte ein Blatt Papier zweimal. Schneide die Ecken beliebig ab. Falte auseinander. Welche Symmetrieeigenschaften hat die Figur?
   b) Mache eigene Versuche, indem du Papier mehrfach faltest (auch diagonal), und Figuren an der Faltlinie, am Rand und an den Ecken ausschneidest.

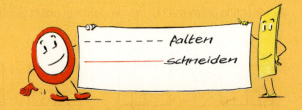

3. Durch Falten und Schneiden von Papier, wie in der Abbildung gezeigt, kann man schöne Ziermuster herstellen. Versuche diese oder ähnliche Ziermuster zu erhalten.

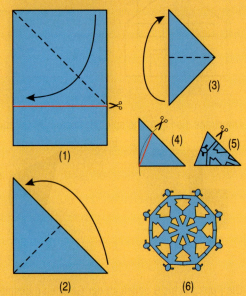

4. Die Abbildung zeigt, wie man durch mehrfaches Falten eines Papierstreifens ein sogenanntes Streifenmuster herstellt. Versuche das gezeigte oder eigene Muster herzustellen.

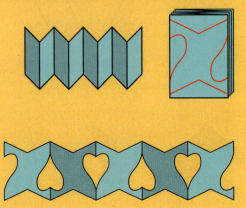

5. Wie man einen Laufhasen herstellt, der davonläuft, wenn er angepustet wird, zeigt dir nachfolgender Plan:

   ① Falte ein DIN-A5-Blatt in der Mitte.
   ② Zeichne darauf eine halbe Hasenfigur; unten bleibt ein Rand von ca. 6 cm frei.
   ③ Schneide die vorgezeichnete Figur (rote Linie) aus.
   ④ Klappe das Blatt auf, knicke den Papierstreifen am unteren Papierrand, sodass die Figur darauf stehen kann.
   ⑤ Sobald die Figur sicher steht, kann man den Hasen laufen lassen, indem man ihn von hinten anpustet. Jemand von gegenüber kann ihn dann zurückpusten.
   ⑥ Du kannst auch andere Figuren ausschneiden.

Drehsymmetrische Figuren

> Eine Figur heißt drehsymmetrisch, wenn sie nach einer Drehung mit sich selbst zur Deckung kommt.
>
> Eine Drehung ist festgelegt durch einen **Drehpunkt M** und einen **Drehwinkel α** (α < 360°).

Aufgaben

1. Die Fotos zeigen drehsymmetrische Figuren. Wo liegt der Drehpunkt und wie groß ist der Drehwinkel?

   a)   b)   c)

2. Nenne mindestens 4 weitere Beispiele für drehsymmetrische Figuren aus deiner Umwelt (mit Drehwinkel).

3. Prüfe, ob die gegebene Figur drehsymmetrisch ist. Wenn ja, gib den Drehwinkel an.

   a)   b)   c)   d)   e)   f)

4. Übertrage die Figur ins Heft. Zeichne Drehpunkt und Drehwinkel ein, wenn die Figur drehsymmetrisch ist.

5. Übertrage die grüne Originalfigur und die blaue Bildfigur ins Heft. An welchem Drehpunkt und mit welchem Drehwinkel kann die grüne auf die blaue Figur gedreht werden?

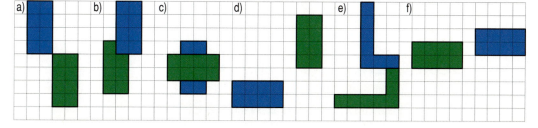

4 Symmetrie

Vermischte Aufgaben

1. Welche der abgebildeten Spielkarten sind punktsymmetrisch?

2. Skizziere die Seitenflächen eines Spielwürfels im Heft.
   a) Zeichne alle Symmetrieachsen rot.
   b) Zeichne Drehpunkte blau ein.

3. Prüfe, ob die gezeigten Grundrisspläne symmetrisch sind.
   a) Petersdom von Rom   b) Irrgarten von Chartres   c) Raumschiff Enterprise

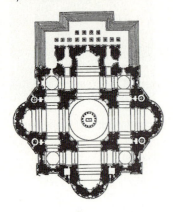  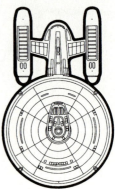

4. Zeichne das Viereck ABCD ins Gitternetz (Gittereinheit 1 cm). Zeichne alle Symmetrieachsen farbig ein.
   a) A(1|6)   B(3|5)   C(5|6)   D(3|7)   b) A(0|8)   B(3|8)   C(3|10)   D(0|10)
   c) A(4|7)   B(9|7)   C(8|9)   D(6|9)   d) A(0|2)   B(1|0)   C(2|2)   D(1|3)

5. A' ist das Spiegelbild von A. Zeichne mit dem Geodreieck die Spiegelachse ein.
   a) A(1|3)   A'(3|3)   b) A(1|0)   A'(1|4)   c) A(2|1)   A'(4|3)   d) A(0|1)   A'(1|2,5)

6. Was kann Spiegelbild des Wortes „HALLO" sein? Probiere mit einem Spiegel.
   a) OJJAH   b) HVLLO (spiegelverkehrt)   c) HAJJO (spiegelverkehrt)   d) OTTVH (spiegelverkehrt)   e) OLLAH

7. Wie musst du einen Spiegel halten, sodass du ein identisches Spiegelbild des Wortes erhältst? Finde weitere „achsensymmetrische Wörter".
   a) **UHU**   b) **BOX**   c) **MUM**   d) **OTTO**   e) **CODE**

8. Entschlüssele die Geheimschriften.

ICH BOXE HEIKE (gespiegelt)

Geheimschrift-Detektiv ? Bist du ein guter (gespiegelt)

WICHTIGE NACHRICHT: SCHULE MACHT SPASS! (gespiegelt)

4 Symmetrie

Streifenmuster – Verschiebungen

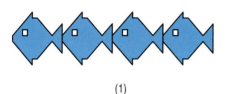  

(1)　　　　　　(2)　　　(3)　　　　(4)

 Eine **Verschiebung** ist durch einen Pfeil festgelegt: Alle Punkte werden um dieselbe Länge in dieselbe Richtung verschoben, im Beispiel 4 Karos nach rechts und 1 Karo nach oben.

Wiederholtes Verschieben einer Grundfigur erzeugt ein **Streifenmuster.**

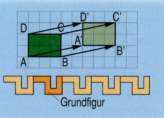

Aufgaben

1. Zeichne die angefangenen Streifenmuster ab und setze sie fort.

   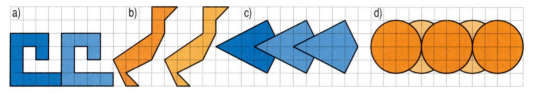

2. Streifenmuster können auch durch gleichmäßiges Verschieben nach oben und unten oder in andere Richtungen entstehen. Zeichne das Streifenmuster ab und setze es fort.

   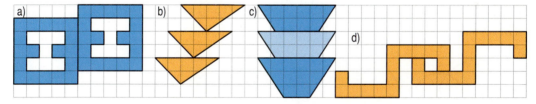

3. Herstellen von Streifenmustern mit Schablonen:
   a) Stelle die abgebildeten Schablonen her und zeichne Streifenmuster. Verschiebe auch nach oben/unten und schräg versetzt.
   b) Überlege dir eigene Formen für Schablonen und stelle damit Streifenmuster her.

   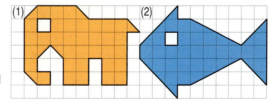

4. Übertrage die Figuren ins Heft und verschiebe sie mit dem gegebenen Verschiebungspfeil.

   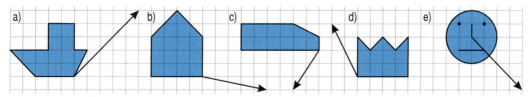

4 Symmetrie

Vermischte Aufgaben

1. Kommt die linke Figur mit der rechten durch Spiegeln, Drehen oder Verschieben zur Deckung?

   a) b) c) d) e)

   f) g) h) i) j)

2. Zeichne das Rechteck mit den Eckpunkten A(2|7), B(5|7), C(5|9) und D(2|9) in dein Heft.

   a) Verschiebe das Rechteck ABCD um 4 nach rechts und 3 nach unten.
   b) Zeichne die Gerade g durch die Punkte P(1|4,5) und Q(6|4,5). Spiegele das Rechteck ABCD an g.
   c) Drehe das Rechteck um 90° nach links um den Drehpunkt M(6|7).

3. Zeichne das Viereck in dein Heft. Prüfe, ob und welche Symmetrieeigenschaften vorliegen. Zeichne alle Symmetrieachsen bzw. den Drehpunkt (Symmetriepunkt) ein.

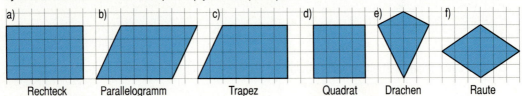

a) Rechteck b) Parallelogramm c) Trapez d) Quadrat e) Drachen f) Raute

4. Übertrage ins Heft und ergänze die Figur mit einem Kästchen so, dass sie achsensymmetrisch ist.

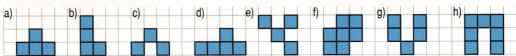

5. Übertrage die Figur ins Heft. Wenn Achsensymmetrie vorliegt, zeichne die Symmetrieachsen ein. Zeichne bei Drehsymmetrie den Drehpunkt M ein. Manchmal liegt beides vor.

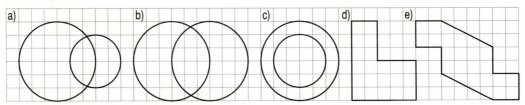

6. Übertrage die Figur ins Heft. Färbe sie so, dass sie die angegebene Eigenschaft hat.

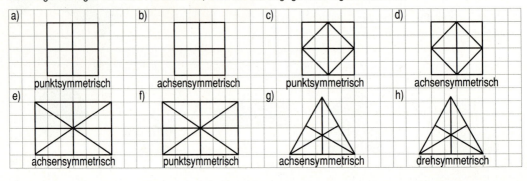

Testen, Üben, Vergleichen

4 Symmetrie

1. Übertrage die Figur ins Heft und bestimme ihre Symmetrieeigenschaften. Zeichne Symmetrieachsen und Drehpunkt ein.

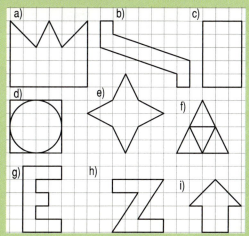

Achsensymmetrie und Spiegeln

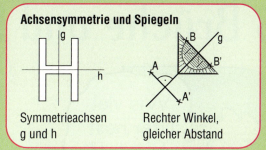

Symmetrieachsen g und h

Rechter Winkel, gleicher Abstand

Drehsymmetrie

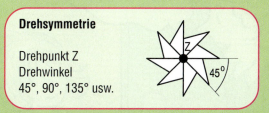

Drehpunkt Z
Drehwinkel
45°, 90°, 135° usw.

2. Setze das angefangene Streifenmuster fort.

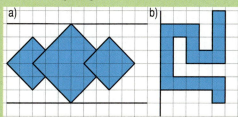

Streifenmuster und Verschiebungen

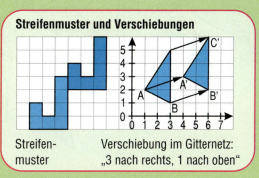

Streifenmuster

Verschiebung im Gitternetz: „3 nach rechts, 1 nach oben"

3. Ergänze die Figur zu einer achsensymmetrischen Figur. Die rote Gerade ist Symmetrieachse.

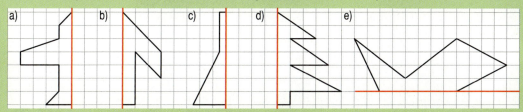

4. Übertrage die Figur und die Gerade g. Spiegele die gegebene Figur an g.

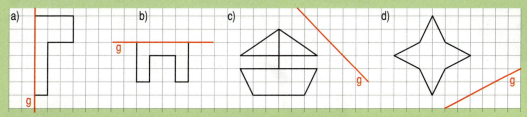

5. Zeichne in dein Heft die Punkte A(1|1), B(3|1), C(3|4) und D(1|4). Verbinde sie zu einem Viereck.

   a) Zeichne die Gerade g durch P(2|6) und Q(6|2). Spiegele das Viereck ABCD an g.
   b) Verschiebe das Viereck ABCD „1 nach links und 4 nach oben".
   c) Drehe das Viereck ABCD links herum: Drehpunkt M(3|4), Drehwinkel 90°.

5 Brüche und Dezimalbrüche (2)

**Preisliste
aber
Mittwochs halbe Preise!!**

Autoskooter: . . . . 2,50 €
Geisterbahn: . . . . 2,10 €
Riesenschaukel: . . . . 2,80 €
Achterbahn: . . . . 3,30 €

5 Brüche und Dezimalbrüche (2)

5 Brüche und Dezimalbrüche (2)

Multiplikation mit einer natürlichen Zahl

 Ein Bruch wird mit einer natürlichen Zahl multipliziert, indem man den Zähler mit der natürlichen Zahl multipliziert. Der Nenner bleibt unverändert.

Beispiele: $\frac{2}{7} \cdot 3 = \frac{2 \cdot 3}{7} = \frac{6}{7}$ $5 \cdot \frac{1}{4} = \frac{5 \cdot 1}{4} = \frac{5}{4} = 1\frac{1}{4}$

Aufgaben

1. Welche Aufgabe wird am Streifen veranschaulicht?

   a) 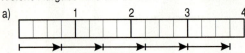   b)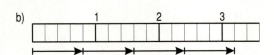

2. Schreibe als Produkt und rechne aus.

   a) $\frac{3}{10} + \frac{3}{10} + \frac{3}{10} + \frac{3}{10}$ b) $\frac{4}{5} + \frac{4}{5} + \frac{4}{5}$ c) $\frac{6}{8} + \frac{6}{8} + \frac{6}{8} + \frac{6}{8} + \frac{6}{8}$ d) $\frac{1}{2} + \frac{1}{2}$

3. a) $\frac{2}{3} \cdot 4$ b) $2 \cdot \frac{3}{8}$ c) $\frac{3}{5} \cdot 7$ d) $5 \cdot \frac{1}{2}$ e) $\frac{5}{6} \cdot 3$ f) $9 \cdot \frac{7}{10}$ g) $\frac{7}{12} \cdot 10$

   h) $\frac{2}{5} \cdot 8$ i) $4 \cdot \frac{2}{3}$ j) $\frac{7}{9} \cdot 7$ k) $6 \cdot \frac{2}{7}$ l) $\frac{3}{8} \cdot 7$ m) $4 \cdot \frac{1}{3}$ n) $\frac{7}{9} \cdot 8$

4. Eine Unterrichtsstunde dauert eine $\frac{3}{4}$ h.
   a) Wie lang ist die Unterrichtszeit am Montag?
   b) Wie lang ist die Unterrichtszeit am Freitag?
   c) Wie lang ist die Unterrichtszeit für Mathematik in einer Woche?
   d) Wie lang ist die Unterrichtszeit für Biologie in einer Woche?

	Stundenplan 6a				
	Montag	Dienstag	Mittwoch	Donnerstag	Freitag
1	Politik	Mathe	Englisch	Mathe	Sport
2	Mathe	Englisch	Deutsch	Englisch	Sport
3	Deutsch	Geschichte	Mathe	Musik	Englisch
4	Englisch	Deutsch	Biologie	Erdkunde	Biologie
5	Kunst	Musik	Schwimmen	Deutsch	Religion
6	Kunst	Religion		Geschichte	

5. a) $1\frac{1}{5} \cdot 4$ b) $3 \cdot 2\frac{1}{3}$ c) $1\frac{3}{5} \cdot 5$ d) $4 \cdot 2\frac{2}{3}$

   e) $6\frac{1}{2} \cdot 2$ f) $8 \cdot 1\frac{3}{4}$ g) $2\frac{2}{3} \cdot 6$ h) $7 \cdot 2\frac{1}{3}$

   z.B.: $1\frac{1}{4} \cdot 3 = \frac{5}{4} \cdot 3 = \frac{15}{4} = 3\frac{3}{4}$

   Zuerst gemischte Zahlen umwandeln in einen Bruch.

6. Die Zwillinge von Familie Willstamm trinken täglich $1\frac{3}{4}$ l Milch. Wie viel Liter sind das in einer Woche (= 7 Tage)? Reichen 12 l?

7. Bei einem Mountainbike-Rennen wird ein $2\frac{1}{4}$ km langer Rundkurs 5-mal durchfahren. „Mehr als 11 km", sagt Guido. Stimmt das?

5 Brüche und Dezimalbrüche (2)

8. a) $\frac{2}{9} \cdot 3$ b) $2\frac{1}{4} \cdot 5$ c) $\frac{3}{7} \cdot 3$ d) $8 \cdot 3\frac{1}{2}$ e) $\frac{4}{15} \cdot 7$ f) $\frac{3}{8} \cdot 9$
g) $\frac{3}{20} \cdot 6$ h) $1\frac{2}{6} \cdot 4$ i) $\frac{5}{9} \cdot 8$ j) $3 \cdot 1\frac{2}{5}$ k) $\frac{9}{10} \cdot 8$ l) $\frac{2}{7} \cdot 6$

9. Mit welcher natürlichen Zahl wurde multipliziert? Notiere die vollständige Aufgabe.
a) $\frac{6}{9} \cdot \square = \frac{42}{9}$ b) $\frac{6}{3} \cdot \square = \frac{36}{3}$ c) $\frac{8}{10} \cdot \square = \frac{24}{10}$ d) $\frac{7}{12} \cdot \square = \frac{49}{12}$
e) $\square \cdot \frac{3}{8} = \frac{15}{8}$ f) $\square \cdot \frac{7}{9} = \frac{42}{9}$ g) $\square \cdot \frac{9}{12} = \frac{90}{12}$ h) $\square \cdot \frac{5}{6} = \frac{35}{6}$

10. Für ein Zeltlager wird jeden Tag die Milch neu geliefert. Wie viel Liter Milch werden benötigt? Die Firma möchte mit einer möglichst geringen Anzahl an Flaschen auskommen.

a) 11 Kinder bestellen je $\frac{1}{4}$ l Milch.
b) 17 Kinder bestellen je $\frac{1}{2}$ l Milch.
c) 6 Kinder bestellen je $\frac{3}{4}$ l Milch.

> 7 Kinder je $\frac{1}{4}$ l
> $\frac{1}{4} \cdot 7 = \frac{1 \cdot 7}{4} = \frac{7}{4}$
> $\frac{7}{4} = 1\frac{3}{4}$
> Es gibt Flaschen für:
> Eine 1-l-Flasche
> Eine $\frac{1}{2}$-l-Flasche
> Eine $\frac{1}{4}$-l-Flasche
> 1 l $\frac{1}{2}$ l $\frac{1}{4}$ l

11. Bauer Harms hat 6 Körbe mit Pflaumen zu je $2\frac{1}{2}$ kg verkauft. Wie viel Kilogramm Pflaumen hat er insgesamt verkauft?

12. 4 Latten von je $1\frac{3}{4}$ m Länge rahmen ein quadratisches Beet ein. Berechne den Umfang.

13. Jörg kauft 8 Flaschen Saft mit je $1\frac{1}{2}$ l Inhalt. Wie viel Liter sind das zusammen?

14. a) Frau Hill benötigt noch 3 Tapetenbahnen zu je $3\frac{1}{2}$ m Länge. Wie viel Meter sind das?
b) Zum Streichen von einem Heizkörper benötigt Herr Hill $\frac{3}{4}$ l Farbe. Er muss insgesamt 7 Heizkörper streichen. Wie viel Liter benötigt er?
c) Fußbodenleisten werden in einer Länge von $2\frac{1}{2}$ m verkauft. Für das Wohnzimmer benötigt Familie Hill 8 Leisten, für das Kinderzimmer 5 Leisten. Wie viel Meter sind das zusammen?

15. Zu einer Speise für 4 Personen benötigt Lina $\frac{3}{8}$ l Sahne. Wie viel Liter benötigt sie für 12 Personen?

16. Zum Einwecken von Gartenobst muss Herr Braun 3-mal $\frac{3}{4}$ kg Zucker abwiegen. Wie viel Kilogramm Zucker benötigt er insgesamt?

17. a) $3\frac{3}{4} \cdot 6$ b) $2\frac{3}{9} \cdot 4$ c) $6\frac{2}{3} \cdot 7$ d) $5\frac{2}{5} \cdot 3$
e) $4\frac{3}{8} \cdot 3$ f) $3\frac{4}{5} \cdot 7$ g) $4\frac{1}{8} \cdot 5$ h) $2\frac{5}{6} \cdot 4$
i) $5 \cdot 5\frac{5}{7}$ j) $2 \cdot 6\frac{5}{8}$ k) $4 \cdot 3\frac{5}{6}$ l) $5 \cdot 7\frac{1}{3}$

> $3\frac{2}{3} \cdot 5 = \frac{11}{3} \cdot 5$
> $= \frac{55}{3} = 18\frac{1}{3}$
> $55 : 3 = 18 + (1 : 3)$

18. Zum Herstellen einer Bühnendekoration werden 3 Stoffbahnen von je $4\frac{1}{4}$ m Länge aneinander genäht. Welche Länge hat die ganze Dekoration?

19. „Ich habe bei einem Bruch etwas verdoppelt und dadurch die Hälfte erhalten", sagt Sebastian. Kai sagt: „Das ist unmöglich!" – Dirk: „Ich verstehe."

5 Brüche und Dezimalbrüche (2)

Division durch eine natürliche Zahl

 Ein Stammbruch ($\frac{1}{2}$, $\frac{1}{3}$, $\frac{1}{4}$, ...) wird durch eine natürliche Zahl dividiert, indem man den Nenner des Bruches mit der natürlichen Zahl multipliziert.
Beispiel: $\frac{1}{5} : 4 = \frac{1}{5 \cdot 4} = \frac{1}{20}$

Aufgaben

1. Notiere die Aufgabe und lies das Ergebnis aus der Zeichnung ab.

a) $\frac{1}{2} : 3 = $ ▪   b) $\frac{1}{4} : 3 = $ ▪   c) $\frac{1}{5} : 2 = $ ▪   d) $\frac{1}{3} : 6 = $ ▪

2. Überlege, in wie viele Teile das Ganze geteilt wird. Bestimme den fehlenden Bruch.

a) $\frac{1}{8} : 3 = $ ▪   b) $\frac{1}{9} : 5 = $ ▪   c) $\frac{1}{6} : 4 = $ ▪

1 Viertel in 2 Teile   Das Ganze in 4 · 2 Teile

3. Welchen Bruchteil bekommt jeder, wenn eine halbe Familienpizza aufgeteilt wird?

a) Unter 2 Personen.   b) Unter 3 Personen.   c) Unter 4 Personen.   d) Unter 5 Personen.

4. Welche Divisionsaufgabe ist dargestellt? Notiere Aufgabe und Ergebnis.

a)   b)   c)

5. a) $\frac{1}{7} : 3$ b) $\frac{1}{6} : 5$ c) $\frac{1}{8} : 4$ d) $\frac{1}{3} : 4$ e) $\frac{1}{10} : 10$ f) $\frac{1}{9} : 8$ g) $\frac{1}{5} : 3$

h) $\frac{1}{12} : 4$ i) $\frac{1}{20} : 2$ j) $\frac{1}{7} : 9$ k) $\frac{1}{100} : 10$ l) $\frac{1}{25} : 4$ m) $\frac{1}{15} : 6$ n) $\frac{1}{12} : 7$

6. Ina, Jens, Thomas und Claudia teilen sich $\frac{1}{3}$ Erdbeerkuchen. Welchen Bruchteil von dem ganzen Kuchen erhält jedes Kind?

5 Brüche und Dezimalbrüche (2)

Division durch eine natürliche Zahl

 Ein Bruch wird durch eine natürliche Zahl dividiert, indem man den Nenner des Bruches mit der natürlichen Zahl multipliziert. Der Zähler bleibt dabei unverändert.

Beispiele: $\frac{3}{5} : 4 = \frac{3}{5 \cdot 4} = \frac{3}{20}$ $\qquad$ $1\frac{3}{4} : 2 = \frac{7}{4} : 2 = \frac{7}{4 \cdot 2} = \frac{7}{8}$

Aufgaben

1. Notiere die Aufgabe und lies das Ergebnis aus der Zeichnung ab.

    a) $\frac{2}{3} : 3 = \blacksquare$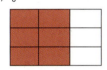
    b) $\frac{3}{4} : 5 = \blacksquare$
    c) $\frac{4}{5} : 2 = \blacksquare$
    d) $\frac{5}{6} : 4 = \blacksquare$

2. Löse nacheinander beide Aufgaben.

    a) $\frac{1}{8} : 5 = \blacksquare$ b) $\frac{1}{9} : 2 = \blacksquare$ c) $\frac{1}{7} : 4 = \blacksquare$ d) $\frac{1}{12} : 3 = \blacksquare$

    $\frac{6}{8} : 5 = \blacksquare$ $\frac{5}{9} : 2 = \blacksquare$ $\frac{3}{7} : 4 = \blacksquare$ $\frac{10}{12} : 3 = \blacksquare$

    z.B. $\frac{1}{4} : 2 = \frac{1}{8}$ $\frac{3}{4} : 2 = \frac{3}{8}$

3. Fünf Personen teilen sich eine Dreiviertelpizza. Welchen Bruchteil der ganzen Pizza bekommt jeder?

4. a) $\frac{5}{7} : 2$ b) $\frac{2}{6} : 3$ c) $\frac{7}{10} : 4$ d) $\frac{4}{9} : 5$ e) $\frac{5}{12} : 4$

    f) $\frac{7}{8} : 4$ g) $\frac{13}{100} : 10$ h) $\frac{7}{25} : 3$ i) $\frac{8}{15} : 3$ j) $\frac{29}{50} : 8$

5. a) $\frac{2}{3} : \blacksquare = \frac{\blacksquare}{15}$ b) $\frac{3}{4} : \blacksquare = \frac{\blacksquare}{16}$ c) $\frac{2}{5} : \blacksquare = \frac{\blacksquare}{15}$ d) $\frac{5}{8} : \blacksquare = \frac{\blacksquare}{56}$

    e) $\frac{5}{6} : \blacksquare = \frac{\blacksquare}{42}$ f) $\frac{2}{9} : \blacksquare = \frac{\blacksquare}{36}$ g) $\frac{13}{15} : \blacksquare = \frac{\blacksquare}{30}$ h) $\frac{9}{10} : \blacksquare = \frac{\blacksquare}{100}$

6. a) $2\frac{3}{4} : 2$ b) $3\frac{3}{5} : 4$ c) $3\frac{4}{9} : 6$ d) $2\frac{3}{7} : 8$

    e) $5\frac{1}{6} : 10$ f) $2\frac{2}{3} : 8$ g) $4\frac{1}{4} : 5$ h) $1\frac{2}{8} : 7$

    Zuerst die gemischte Zahl in einen Bruch umwandeln!

7. a) $1\frac{2}{7} : \blacksquare = \frac{\blacksquare}{56}$ b) $3\frac{5}{8} : \blacksquare = \frac{\blacksquare}{64}$ c) $5\frac{3}{4} : \blacksquare = \frac{\blacksquare}{44}$ d) $4\frac{3}{5} : \blacksquare = \frac{\blacksquare}{50}$

5 Brüche und Dezimalbrüche (2)

8. Bestimme davon die Hälfte.

a) $\frac{1}{2}$ b) $\frac{1}{6}$ c) $\frac{1}{4}$ d) $\frac{1}{9}$ e) $\frac{1}{8}$ f) $\frac{1}{10}$ g) $\frac{1}{3}$

9. a) $\frac{1}{9} : 5$ b) $\frac{1}{5} : 6$ c) $\frac{1}{8} : 7$ d) $\frac{1}{3} : 3$ e) $\frac{1}{7} : 6$ f) $\frac{1}{6} : 8$
   g) $\frac{1}{10} : 8$ h) $\frac{1}{12} : 4$ i) $\frac{1}{4} : 5$ j) $\frac{1}{20} : 2$ k) $\frac{1}{25} : 8$ l) $\frac{1}{3} : 6$

10. a) $\frac{5}{6} : 2$ b) $\frac{7}{8} : 6$ c) $\frac{5}{9} : 7$ d) $\frac{5}{3} : 11$ e) $\frac{12}{7} : 10$
   f) $\frac{4}{9} : 8$ g) $\frac{11}{10} : 10$ h) $\frac{14}{15} : 3$ i) $\frac{9}{5} : 4$ j) $\frac{13}{4} : 2$

11. Schreibe das Ergebnis – wenn es größer als ein Ganzes ist – auch als gemischte Zahl.

a) $1\frac{1}{4} : 2$ b) $5\frac{3}{5} : 4$ c) $1\frac{1}{5} : 3$ d) $4\frac{5}{6} : 3$ e) $2\frac{1}{2} : 2$
f) $6\frac{1}{2} : 4$ g) $6\frac{2}{3} : 2$ h) $8\frac{9}{10} : 5$ i) $3\frac{2}{3} : 4$ j) $1\frac{2}{5} : 6$

12. Wenn der Zähler durch die Zahl teilbar ist, hast du zwei Möglichkeiten, den Bruch zu teilen.

a) $\frac{9}{10} : 3$ b) $\frac{18}{20} : 6$ c) $\frac{16}{5} : 4$ d) $\frac{6}{8} : 3$ e) $\frac{8}{7} : 4$
f) $\frac{12}{7} : 4$ g) $\frac{25}{100} : 5$ h) $\frac{14}{6} : 7$ i) $\frac{20}{8} : 4$ j) $\frac{15}{10} : 3$

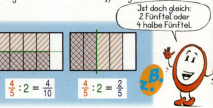

Ist doch gleich: 2 Fünftel oder 4 halbe Fünftel.

$\frac{4}{5} : 2 = \frac{4}{10}$ $\frac{4}{5} : 2 = \frac{2}{5}$

13. Dividiere – wenn möglich – den Zähler, sonst multipliziere den Nenner.

a) $\frac{4}{9} : 3$ b) $\frac{8}{5} : 4$ c) $\frac{12}{15} : 3$ d) $\frac{2}{3} : 3$ e) $\frac{9}{18} : 9$ f) $\frac{5}{6} : 7$ g) $\frac{8}{5} : 5$
h) $\frac{6}{5} : 7$ i) $\frac{5}{12} : 4$ j) $\frac{4}{7} : 4$ k) $\frac{10}{20} : 10$ l) $2\frac{4}{5} : 7$ m) $3\frac{3}{4} : 2$ n) $1\frac{2}{7} : 3$

14. Bestimme davon die Hälfte.

a) $\frac{4}{5}$ b) $\frac{3}{5}$ c) $\frac{8}{9}$ d) $\frac{5}{6}$ e) $3\frac{1}{3}$ f) $2\frac{1}{4}$ g) $3\frac{1}{5}$ h) $2\frac{4}{5}$

15. Inga, Mike und Leo teilen sich $1\frac{1}{2}$ Pizza. Welchen Anteil erhält jedes Kind?

16. Ein $3\frac{3}{4}$ m langes Seil soll in 3 gleiche Teile zerschnitten werden. Welche Länge hat jedes Seilstück? Gib das Ergebnis auch als gemischte Zahl an.

17. Linda hat donnerstags $3\frac{3}{4}$ Stunden Unterricht (ohne Pausenzeit). Wie viele Unterrichtsstunden (jede $\frac{3}{4}$ h) hat sie an diesem Tag? Schätze und rechne nach.

18. Die drei etwa gleich schweren Elefanten bringen zusammen $5\frac{1}{4}$ t auf die Waage.

a) Wie schwer ist ein Elefant?
b) In einer Woche benötigen sie ca. $\frac{3}{4}$ t Heu. Wie viel Heu frisst ein Elefant wöchentlich?

19. Das Robbenbecken wird geleert und gereinigt. Nach 6 Stunden ist es wieder zu $\frac{4}{5}$ gefüllt.

a) Wie voll ist es nach einer Stunde Füllzeit?
b) War es nach 4 Stunden mehr oder weniger als zur Hälfte gefüllt?

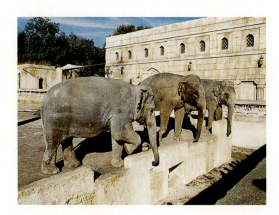

5 Brüche und Dezimalbrüche (2)

Vermischte Aufgaben

1. Verdopple den Bruch. Schreibe das Ergebnis, wenn es größer als 1 ist, als gemischte Zahl.
   a) $\frac{5}{8}$ b) $\frac{7}{6}$ c) $\frac{1}{3}$ d) $\frac{3}{5}$ e) $\frac{2}{7}$ f) $\frac{5}{3}$ g) $\frac{11}{10}$

2. Halbiere den Bruch.
   a) $\frac{4}{5}$ b) $\frac{1}{5}$ c) $\frac{4}{7}$ d) $\frac{3}{4}$ e) $\frac{10}{2}$ f) $\frac{12}{25}$ g) $\frac{6}{3}$

3. a) Dividiere $\frac{6}{8}$ b) Dividiere $\frac{8}{12}$ c) Dividiere $\frac{12}{16}$ d) Dividiere $\frac{4}{10}$

   durch 6 (4 und 2)   durch 8 (5 und 3)   durch 5 (4 und 3)   durch 5 (4 und 2)

   Zähler dividieren oder Nenner multiplizieren, das ist hier die Frage!

4. Achte darauf, ob du multiplizieren oder dividieren sollst.
   a) $\frac{4}{5} \cdot 3$ b) $\frac{6}{8} : 3$ c) $\frac{5}{4} \cdot 5$ d) $\frac{5}{7} : 6$ e) $\frac{2}{3} \cdot 8$ f) $\frac{10}{12} : 5$
   g) $\frac{4}{5} : 3$ h) $\frac{6}{8} \cdot 3$ i) $\frac{5}{4} : 5$ j) $\frac{5}{7} \cdot 6$ k) $\frac{2}{3} : 8$ l) $\frac{10}{12} \cdot 5$

5. a) $\frac{3}{4} \cdot 4$ b) $\frac{7}{9} \cdot 5$ c) $\frac{7}{10} : 2$ d) $\frac{9}{10} : 3$ e) $\frac{1}{2} : 6$ f) $\frac{5}{6} \cdot 3$
   g) $2\frac{1}{5} \cdot 3$ h) $1\frac{3}{8} : 2$ i) $3\frac{1}{2} : 5$ j) $4\frac{3}{4} \cdot 10$ k) $2\frac{3}{5} \cdot 3$ l) $5\frac{1}{3} : 8$

6. Eine Teekanne enthält $1\frac{1}{2}$ l Tee. Aus ihr lassen sich genau 6 Tassen mit Tee abfüllen. Wie viel Liter Tee enthält jede Teetasse?

7. Zeichne das Ergebnis wie im Beispiel. Finde für dein Ergebnis einen Bruch mit möglichst kleinem Nenner.
   a) $\frac{12}{12} : 4$ b) $\frac{8}{12} : 2$ c) $\frac{8}{12} : 4$ d) $\frac{6}{12} : 2$
   e) $\frac{3}{12} \cdot 3$ f) $\frac{1}{12} \cdot 8$ g) $\frac{6}{12} \cdot 2$ h) $\frac{2}{12} \cdot 3$

   z.B.
   $\frac{12}{12} : 2 = \frac{6}{12}$
   $\frac{12}{12} : 2 = \frac{1}{2}$

8. Welche Ergebnisse haben denselben Wert?
   a)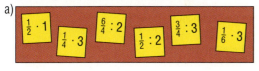
   b)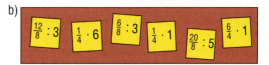

9. Ein Fleischer zerteilt $2\frac{1}{4}$ kg Fleisch in 3 gleiche Teile. Wie schwer ist jedes Teil?

10. Armin hat eine Schrittlänge von $\frac{3}{4}$ m. Für ein Spielfeld schreitet er 25 Schritte ab. Wie lang ist es etwa?

11. Der Pkw von Tinas Mutter erhält nach je 10 000 km einen Motorölwechsel. Für einen Ölwechsel sind $3\frac{3}{4}$ l Motoröl notwendig. Wie viel Liter Öl wurden bisher insgesamt benötigt?

    050 000 km

12. Danielas Wohnung ist $1\frac{1}{3}$ km von der Schule entfernt. In der letzten Woche ist sie von Montag bis Freitag zur Schule und von dort nach Hause gelaufen. Welche Strecke hat sie insgesamt zurückgelegt?

5 Brüche und Dezimalbrüche (2)

Dezimalbrüche – Multiplikation mit einer natürlichen Zahl

 Dezimalbrüche werden mit einer natürlichen Zahl als Brüche **oder** stellenweise wie natürliche Zahlen multipliziert.

Aufgaben

1. Multipliziere als Bruch. Trage dann das Ergebnis in eine Stellenwerttafel ein und schreibe es als Dezimalbruch.

   a) $\frac{6}{100} \cdot 4$ b) $\frac{45}{100} \cdot 7$ c) $\frac{105}{100} \cdot 3$ d) $\frac{324}{100} \cdot 4$

   e) $\frac{7}{10} \cdot 9$ f) $\frac{26}{10} \cdot 6$ g) $\frac{64}{10} \cdot 5$ h) $\frac{49}{10} \cdot 7$

2. Wandle den Dezimalbruch erst in einen Bruch um und multipliziere als Bruch. Schreibe die Lösung als Bruch und als Dezimalbruch auf.

   a) $0{,}3 \cdot 6$ b) $1{,}4 \cdot 8$ c) $0{,}56 \cdot 3$ d) $0{,}27 \cdot 5$ e) $0{,}9 \cdot 8$ f) $1{,}2 \cdot 7$

   g) $2{,}24 \cdot 3$ h) $0{,}34 \cdot 6$ i) $21{,}5 \cdot 9$ j) $8{,}41 \cdot 2$ k) $3{,}7 \cdot 6$ l) $0{,}32 \cdot 4$

3. Fertige dir eine Stellenwerttafel und rechne stellenweise.

   a) $1{,}4 \cdot 5$ b) $0{,}24 \cdot 2$ c) $1{,}53 \cdot 10$ d) $2{,}5 \cdot 4$

   e) $3{,}8 \cdot 100$ f) $4{,}35 \cdot 6$ g) $3{,}16 \cdot 5$ h) $3{,}9 \cdot 5$

   i) $2{,}6 \cdot 8$ j) $2{,}46 \cdot 100$ k) $6{,}09 \cdot 6$ l) $5{,}7 \cdot 10$

4. Sabine kauft 6 Schnellhefter zu je 0,25 €. Wie viel € muss sie bezahlen?

5. Welchen Umfang hat ein Quadrat, dessen Seitenlänge 8,4 cm beträgt?

6. Jens kauft 8 Splitterbrötchen zum Stückpreis von 0,45 €. Wie viel € muss er bezahlen?

7. Eine Rolle Raufasertapete kostet 4,45 €. Frau Hill benötigt 7 Rollen. Berechne den Preis.

8. Welcher Pfeil trifft welchen Ballon? Notiere als Aufgabe in deinem Heft.

5 Brüche und Dezimalbrüche (2)

Schriftliche Multiplikation

Beim Multiplizieren eines Dezimalbruchs mit einer natürlichen Zahl
- rechnet man zunächst, ohne das Komma zu beachten,
- dann setzt man das Komma: Das Ergebnis hat ebenso viele Stellen nach dem Komma wie der Dezimalbruch. Eine Überschlagsrechnung dient der Kontrolle.

Ein Zeichenblock kostet 2,75 €. Wie viel kosten drei Blocks?
2,75 € · 3 =

2,75 · 3	2,75 · 3	2,75 · 3	2,75 · 3
825	825	8,25	≈ 3 · 3 = 9
Wie 275 · 3 ohne Komma.	2 Stellen nach dem Komma.	Jetzt auch 2 Stellen nach dem Komma.	Kontrolle durch Überschlag.

Aufgaben

1. Führe erst einen Überschlag durch, rechne dann genau.

a) 4,7 · 8   b) 2,34 · 6   c) 7,21 · 9   d) 5,03 · 7
e) 12,3 · 4   f) 0,97 · 8   g) 1,87 · 6   h) 14,8 · 3

Lösungen: 7,76 11,22 14,04 35,21 37,6 44,4 49,2 64,89

2. Vergiss die Nullen nicht, wenn du die Stellen nach dem Komma zählst.

a) 3,14 · 5   b) 2,35 · 4   c) 0,75 · 8   d) 1,08 · 5
e) 0,05 · 4   f) 10,2 · 5   g) 4,05 · 6   h) 2,36 · 5

z.B.
2,15 · 4   2,15 · 4
= 8,60   8,60
= 8,6

DIE NULLEN ZÄHLEN MIT.

3.
a) 5,9 · 7   b) 14,5 · 4   c) 4,25 · 6   d) 2,7 · 12   e) 32,4 · 14   f) 3,55 · 24
   0,67 · 3   12,6 · 6   3,78 · 8   4,9 · 23   16,8 · 25   8,02 · 17
g) 2,8 · 5   h) 10,8 · 9   i) 4,05 · 4   j) 3,4 · 15   k) 23,7 · 31   l) 0,75 · 20
   3,08 · 4   22,2 · 5   2,39 · 3   6,5 · 24   14,6 · 15   6,48 · 42

4. Überschlage erst das Ergebnis. Rechne dann genau.

a) 3,25 € · 8   b) 7,36 € · 9   c) 12,20 € · 10   d) 17,50 € · 25

5. Herr Keller ist sehr häufig geschäftlich unterwegs. Dabei benutzt er oft sein Mobiltelefon. Berechne die Telefongebühren.

a) Am Vormittag telefoniert Herr Keller mit einem Geschäftsfreund. Das Gespräch dauert 4 Minuten.

b) Um 18 Uhr führt er ein dringendes Gespräch mit seiner Firma. Das Gespräch dauert 12 Minuten.

c) Nach 20 Uhr führt er mit seiner Familie ein 17 Minuten langes Gespräch.

Minutenpreis:
07.00 – 17.00 Uhr 0,95 €
17.00 – 20.00 Uhr 0,49 €
20.00 – 07.00 Uhr 0,19 €

5 Brüche und Dezimalbrüche (2)

Division durch eine natürliche Zahl

Wenn man einen Dezimalbruch durch eine natürliche Zahl dividiert, rechnet man wie mit natürlichen Zahlen. Bevor man die Zehntel dividiert, setzt man das Komma im Ergebnis. (Kontrolle mit Überschlag!)

Beispiel: 12,700 … : 5 = 2,54
```
 10
  2 7
  2 5
    20
    20
     0
```

Komma setzen nicht vergessen.

Aufgaben

1. Übertrage ins Heft und beende die Rechnung. Mache auch die Probe.

a) 51,42 : 3 = 17,
```
 3
 21
 21
  0 4
```
Komma setzen

b) 27,68 : 8 = 3,
```
 24
  3 6
```

c) 9,68 : 4 = 2,
```
 8
 1 6
```

d) 69,12 : 6 =

2. Rechne aus und führe die Probe durch.

a) 10,41 : 3   b) 8,34 : 6   c) 36,5 : 5   d) 66,48 : 8   e) 33,74 : 7   f) 32,64 : 6

g) 87,42 : 6   h) 6,32 : 4   i) 27,81 : 3   j) 44,04 : 6   k) 38,34 : 9   l) 56,96 : 8

3. Füge hinter die letzte Stelle nach dem Komma so viele Nullen an, wie du benötigst, und rechne dann weiter. Mache die Probe.

a) 5,9 : 5   b) 93,5 : 2   c) 9,4 : 5   d) 8,6 : 4

e) 5,25 : 4   f) 38,07 : 4   g) 11,13 : 6   h) 20,15 : 8

z.B.
```
6,900   : 4 = 1,725
4
2 9
2 8
  10
   8
   20
```

4. a) 14,22 : 6   b) 25,92 : 8   c) 36,45 : 9   d) 3,7 : 2

e) 12,24 : 6   f) 23,04 : 5   g) 45,09 : 6   h) 5,9 : 5

5. Achte auf die Null vor dem Komma. Führe die Probe durch.

a) 3,62 : 5   b) 1,82 : 8   c) 3,42 : 9   d) 5,26 : 8   e) 1,26 : 4

f) 4,26 : 10   g) 2,41 : 4   h) 5,7 : 8   i) 2,895 : 10   j) 4,13 : 5

3 : 5 geht nicht. Also 0 Komma.

6. a) 15,7 : 10   b) 6,345 : 10   c) 2,45 : 10   d) 0,45 : 10   e) 0,78 : 10

7. Überschlage vor der Rechnung das Ergebnis. Mache anschließend die Probe.

a) 12,48 € : 4   b) 91,56 € : 3   c) 212,80 € : 10   d) 3,84 € : 4

5 Brüche und Dezimalbrüche (2)

8. Achte auf die Nullen. Mache anschließend die Probe.
a) 0,06 : 3   b) 0,2 : 8   c) 0,7 : 10   d) 0,34 : 8
e) 0,24 : 8   f) 0,12 : 6   g) 0,45 : 9   h) 0,82 : 10
i) 1,2 : 20   j) 4,8 : 50   k) 1,15 : 20   l) 2,25 : 40

z.B.
0,04 : 2 = 0,02
0,5 : 8 = 0,0625
2,6 : 50 = 0,052

9.
a) 12,9 : 100   b) 4,56 : 100   c) 3,72 : 10   d) 12,8 : 10
e) 0,25 : 100   f) 0,894 : 100   g) 0,67 : 10   h) 3,5 : 10
i) 1,38 : 100   j) 0,652 : 100   k) 4,02 : 10   l) 71,2 : 10

Hier wandert nur das Komma.
15,3 : 100 = 0,1...
 0
 153
 ...

10. Rechne aus. Führe anschließend die Probe durch Multiplikation durch.
a) 1,872 : 4   b) 0,225 : 6   c) 0,279 : 9   d) 0,492 : 20   e) 125,6 : 100   f) 0,304 : 8
g) 0,066 : 4   h) 1,215 : 5   i) 0,464 : 8   j) 2,04 : 10   k) 2,148 : 6   l) 0,024 : 5

Bei 5, 6, 7, 8, 9 aufrunden.

11. Rechne bis zur 3. Stelle nach dem Komma. Runde dann auf 2 Stellen nach dem Komma.
a) 6,45 € : 8   b) 12,10 € : 6   c) 4,06 € : 5   d) 0,95 € : 4
e) 14,25 € : 7   f) 53,83 € : 9   g) 34,62 € : 4   h) 6,73 € : 8

z.B.
42,48 € : 7
= 6,068... €
≈ 6,07 €

12. Runde das Ergebnis nach dem Komma so, dass die nächstkleinere Einheit abgelesen werden kann.
a) 8,56 m : 6   b) 0,857 kg : 10   c) 7,94 € : 3   d) 1,526 km : 8   e) 12,45 € : 2
f) 2,00 m : 7   g) 3,255 kg : 4   h) 5,27 € : 5   i) 4,025 km : 3   j) 24,77 € : 3

Bei € und m sind 2 Stellen üblich.
Bei kg und km sind 3 Stellen üblich.

13.
a) 9,45 € : 5   b) 2,12 m : 5   c) 12,265 kg : 10   d) 0,525 km : 10   e) 18,40 € : 5
f) 0,83 € : 12   g) 6,34 m : 10   h) 19,330 kg : 4   i) 4,650 km : 7   j) 20,55 € : 4

14. Überschlage, dann rechne genau.
a) 28,92 : 6   b) 58,72 : 8   c) 1,55 : 5   d) 10,48 : 4
e) 0,252 : 9   f) 1,73 : 5   g) 0,288 : 6   h) 2,4 : 6

Runde für den Überschlag auf die nächste Einmaleinszahl!
41,75 : 8 ≈ 40 : 8 = 5
1,25 : 7 ≈ 1,4 : 7 = 0,2
0,175 : 6 ≈ 0,18 : 6 = 0,03

15.
a) 0,08 : 5   b) 0,74 : 2   c) 75,28 : 8   d) 0,44 : 5
e) 0,252 : 6   f) 1,47 : 5   g) 0,576 : 6   h) 58,72 : 8

16. Für einen Kasten Saft bezahlt Leo ohne Pfand 7,44 €. Der Kasten enthält 12 Flaschen. Wie teuer ist eine Flasche Saft? Überschlage erst, dann rechne genau.

17. Eine S-Bahn-Fahrkarte für 4 Fahrten kostet 6,50 €. Ein Einzelfahrschein kostet 1,80 €. Wie teuer ist eine Fahrt mit der Viererkarte? Wie teuer sind 4 Einzelfahrten?

18. Der Zimmermann will eine 3,32 m langen Balken in 4 gleiche Teile zerschneiden. Wie lang wird ein Teilstück? Überschlage erst, dann rechne genau. Nach welchen Längen muss er den Balken markieren?

19. Eine Treppe soll 1,62 m Höhenunterschied überwinden. Berechne die Höhe der einzelnen Treppenstufen für eine Treppe mit
a) 6 Stufen   b) 9 Stufen   c) 10 Stufen

5 Brüche und Dezimalbrüche (2)

Vom Bruch zum Dezimalbruch

Man kann jeden Bruch in einen Dezimalbruch umwandeln, indem man den Zähler durch den Nenner dividiert. Diese Division bricht entweder nach endlich vielen Stellen ab, oder man erhält einen Dezimalbruch mit einer immer wiederkehrenden Ziffernfolge (Periode).

1. $\frac{2}{10} = 2 : 10 = 0{,}2$ 2. $\frac{3}{4} = 3 : 4 = 0{,}75$ 3. $\frac{5}{6} = 5 : 6 = 0{,}833\ldots = 0{,}8\overline{3}$

Null Komma 8 Periode 3

Aufgaben

 1. Schreibe als Divisionsaufgabe. Rechne dann den Dezimalbruch aus.

a) $\frac{3}{2}$ b) $\frac{4}{5}$ c) $\frac{1}{4}$ d) $\frac{13}{20}$ e) $\frac{3}{8}$ f) $\frac{9}{4}$

Diese Ziffern benötigst du für die Lösungen: 0000 12223 55555 678

2. Bestimme die Periode. Achte bei der Division auf gleiche Reste.

a) $\frac{2}{3}$ b) $\frac{5}{9}$ c) $\frac{7}{6}$ d) $\frac{4}{3}$ e) $\frac{7}{9}$ f) $\frac{5}{6}$

g) $\frac{10}{6}$ h) $\frac{7}{12}$ i) $\frac{6}{11}$ j) $\frac{5}{18}$ k) $\frac{19}{22}$ l) $\frac{17}{24}$

 3. Übertrage die Tabelle in dein Heft und vervollständige sie.

Bruch	$\frac{1}{2}$	$\frac{1}{3}$	$\frac{2}{3}$	$\frac{1}{4}$	$\frac{3}{4}$	$\frac{1}{5}$	$\frac{1}{10}$	$\frac{1}{100}$
Dezimalbruch	0,5							

Lerne das auswendig!

4. Pia will ein 3 m langes Brett in 7 gleiche Teile zerschneiden. Wie lang ist jedes Teil? Runde das Ergebnis auf zwei Stellen nach dem Komma.

⑤. Berechne den Dezimalbruch, bis sich die Ziffernfolge wiederholt. Fülle dann die Tabelle aus.

a) $\frac{4}{11}$ b) $\frac{11}{12}$ c) $\frac{13}{6}$ d) $\frac{5}{13}$ e) $\frac{11}{15}$ f) $\frac{2}{9}$ g) $\frac{2}{7}$ h) $\frac{3}{7}$

Division	Dezimalzahl	Periodenlänge	geschrieben	gesprochen
1 : 7	0,**142857**1428571…	6	0,$\overline{142857}$	Null Komma Periode 1 4 2 8 5 7
4 : 11				

5 Brüche und Dezimalbrüche (2)

Mittelwert

Notendurchschnitt:
$3 \cdot 1 + 6 \cdot 2 + 9 \cdot 3 + 7 \cdot 4 = 70$

$70 : 25 = 2,8$ Der Durchschnitt ist 2,8!
$\underline{50}$
200
$\underline{200}$
0

 Den **Mittelwert** oder **Durchschnitt** von Größen berechnet man so:
Man addiert alle Größen und dividiert dann die Summe durch die Anzahl der Größen.

 Bestimme den Mittelwert der Noten 2, 4, 2 und 3.
$2 + 4 + 2 + 3 = 11$
$11 : 4 = 2,75$ Der Mittelwert ist 2,75.

2	4	2	3
2,75	2,75	2,75	2,75

Aufgaben

1. Berechne den Notendurchschnitt in jedem Fach.

a)
für Silke					
Mathe:	2	5	3	2	3
Deutsch:	3	4	3	4	
Englisch:	1	3	2	2	

b)
für David					
Mathe:	3	4	4	3	2
Deutsch:	2	3	2	1	
Englisch:	4	2	4	3	

c)
für Daniela					
Mathe:	2	2	4	1	1
Deutsch:	2	3	2	2	
Englisch:	3	3	2	2	

2. Hier sind Angaben zum Foto:

Sven	Jens	Lukas	Lara	Steffi
1,67 m	1,58 m	1,44 m	1,61 m	1,39 m

a) Findest du die Kinder auf dem Foto wieder?
b) Die Latte zeigt die Durchschnittsgröße der Kinder an. In welcher Höhe ist sie angebracht?
c) Wer ist kleiner als der Mittelwert, wer ist größer als der Mittelwert?

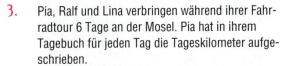

3. Pia, Ralf und Lina verbringen während ihrer Fahrradtour 6 Tage an der Mosel. Pia hat in ihrem Tagebuch für jeden Tag die Tageskilometer aufgeschrieben.

a) Wie viel Kilometer haben sie insgesamt an der Mosel zurückgelegt?
b) Wie viel Kilometer sind sie im Durchschnitt an einem Tag gefahren?

An der Mosel	
24. 6. Trier – Trittenheim:	41,7 km
25. 6. Trittenheim – Kröv:	44,2 km
26. 6. Kröv – Alf:	31,3 km
27. 6. Alf – Cochem:	32,4 km
28. 6. Cochem – Löf:	25,5 km
29. 6. Löf – Koblenz:	25,2 km

Der neue Schulgarten

5 Brüche und Dezimalbrüche (2)

Der neue Schulgarten

Liebe Eltern, Schülerinnen und Schüler der 5. und 6. Klassen,

am 31. 5. wollen wir unseren neuen Schulgarten gestalten. Wir bitten Sie, uns deshalb tatkräftig zu unterstützen. Über Geldspenden, Hinweise zum günstigen Einkauf als auch sachliche Unterstützung wären wir sehr dankbar.

Mit freundlichen Grüßen
     Merks

Spendenliste für den neuen Schulgarten			
Klasse 5 a	81,60 €	6 a	105,00 €
Klasse 5 b	116,30 €	6 b	51,50 €
Klasse 5 c	98,50 €	6 c	85,50 €
Klasse 5 d	62,00 €	6 d	132,40 €

1.
a) Wie viel Euro wurden von den Eltern der 5. Klassen gespendet?
b) Wie viel Euro wurden von den Eltern der 6. Klassen gespendet?
c) Wie hoch ist das gesamte Spendenaufkommen?
d) Wie viel Euro hat jede Klasse im Durchschnitt gespendet?

2. Einige Schülerinnen und Schüler der 6. Klasse stecken die Beetbreiten vor und hinter dem Weg ab. Vor dem Weg sollen 6 gleich breite Beete, hinter dem Weg 5 gleich breite Beete neben dem Gerätehaus abgesteckt werden.
Welche Breiten haben die Beete vor und hinter dem Weg?

3. Die Beete sollen zu beiden Seiten des Weges mit Holzpfosten eingefasst werden. Im Katalog werden drei verschiedene Durchmesser angeboten.

a) Wie viele Pfosten benötigt man bei den verschiedenen Angeboten, wenn diese dicht an dicht eingelassen werden?
b) Wie viel Euro müssten sie jeweils bezahlen? Wie würdest du entscheiden?

Der neue Schulgarten
5 Brüche und Dezimalbrüche (2)

4. Der Vater von Marion arbeitet auf einem Holzplatz. Er kann 3 m lange Holzstämme mit 10 cm Durchmesser günstig besorgen. Ein Holzstamm kostet 11 €.
   a) Wie viele 25 cm lange Pfosten bekommt man aus einem 3 m langen Stamm?
   b) Wie viele 3 m lange Stämme müsste Marions Vater besorgen?
   c) Vergleiche den Preis mit den Preisen aus dem Katalog.

5. Marions Vater sagt, dass ein Holzstamm ca. 18,5 kg wiegt. Hier könnte der Vater von Marvin helfen. Er besitzt ein Fuhrunternehmen mit Lkws verschiedenster Zuladungen.
   a) Wie viel wiegen alle Stämme zusammen?
   b) Mit welchem Lkw sollte Marvins Vater die Stämme transportieren?

6. Für die Arbeit im Schulgarten wird noch einiges Werkzeug benötigt.
   a) Wie teuer sind alle Werkzeuge zusammen?
   b) Wie viel Euro bleiben zum Anschaffen von Pflanzen übrig?

Werkzeugliste

1 Schubkarre	29,90 €
5 Harken	
5 Gärtnerspaten	

7.

Zur Bepflanzung werden benötigt:

Setzlinge

Salat	240 Stück
Kohlrabi	180 Stück
Tomaten	25 Pflanzen
Erdbeeren	50 Pflanzen

Preisliste:

Setzlinge	Einzelpreis/ Mengenpreis in Euro	
Tomaten	1 Pflanze	0,65
Salat	12 Pflanzen	1,95
Kohlrabi	12 Pflanzen	1,95
Erdbeeren	10 Pflanzen	8,50

5 Brüche und Dezimalbrüche (2)

Prozentschreibweise

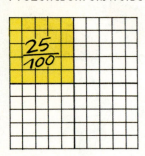

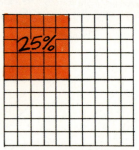

 Brüche mit dem **Nenner 100** können in der **Prozentschreibweise** notiert werden.
Prozent heißt Hundertstel. Das Zeichen für Prozent ist %.

    1% = 0,01 $\frac{18}{100}$ = 18%   7% = $\frac{7}{100}$ = 0,07   0,25 = 25%   1 = $\frac{100}{100}$ = 100%

Aufgaben

1. Schreibe in der Prozentschreibweise.
   a) $\frac{50}{100}$ b) 0,75   c) $\frac{1}{100}$ d) 0,04   e) $\frac{20}{100}$ f) 0,34   g) $\frac{15}{100}$ h) 0,02
   i) $\frac{16}{100}$ j) 0,27   k) $\frac{10}{100}$ l) 0,45   m) $\frac{85}{100}$ n) 0,99   o) $\frac{200}{100}$ p) 1,15

2. Schreibe erst als Bruch, dann als Dezimalbruch.
   a) 11%   b) 33%   c) 6%   d) 70%   e) 1%   f) 10%   g) 23%   h) 40%
   i) 2%   j) 24%   k) 76%   l) 8%   m) 51%   n) 90%   o) 150%   p) 300%

3. Hier sind die Hundertstelbrüche eingefärbt. Schreibe in der Prozentschreibweise.

a)   b)   c)   d) 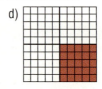   e)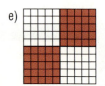

4. Wie viel Prozent des Kreises sind eingefärbt? Ordne die Prozentzahlen richtig zu.

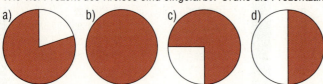

5. Schreibe den Satz mit Prozenten.
   a) Von der Torte fehlt die Hälfte.
   b) Drei Viertel der Klasse sind in einem Sportverein.
   c) Memet hat ein Viertel der Strecke geschafft.
   d) Alle Karten sind verkauft.
   e) Ein Zehntel der Klasse fehlt.
   f) Elf von Hundert sind arbeitslos.

5 Brüche und Dezimalbrüche (2)

Rechnen mit Prozenten

  10% von 8 € = 0,80 €   Rechnung: (1) 1% von 8 € = 8 € : 100 = 0,08 €
(2) 10% von 8 € = 0,08 € · 10 = 0,80 €

Aufgaben

1. Wie viel ist 1% von:
   a) 200 €   b) 350 €   c) 80 €   d) 12 €   e) 5 €   f) 6,50 €

2. Mittwochs kostet auch am Zirkusbuffet alles nur 50% der ausgezeichneten Preise. Wie teuer sind die einzelnen Waren (Bild oben rechts)?

3. Wie viel € sind das?
   a) 5% von 300 €   b) 10% von 450 €   c) 4% von 180 €   d) 25% von 600 €
   e) 12% von 20 €   f) 3% von 65 €   g) 6% von 12 €   h) 15% von 18 €

4. Wie viel sind 10% von:
   a) 400 kg   b) 280 m   c) 20 kg   d) 14 g   e) 2 km   f) 5,5 kg

5. Für die Nachmittagsvorstellung im Zirkus wurden 250 Karten verkauft. 20% der Karten für den 1. Rang, 30% der Karten für den 2. Rang und der Rest für Sperrsitzplätze. Wie viele Zuschauer saßen jeweils im 1. Rang, im 2. Rang und auf den Sperrsitzplätzen?

6. Wie viel kg sind das?
   a) 10% von 1 000 kg   b) 12% von 120 kg   c) 5% von 60 kg   d) 35% von 15 kg

7. Im Schlussverkauf werden viele Waren verbilligt angeboten. Ines interessiert sich für die Jacke, den Pulli, die Hose und die Weste.
   a) Um wie viel Euro wurden die Preise gesenkt?
   b) Wie viel Euro kosten die Kleidungsstücke jetzt?
   c) Wie viel Euro hat Ines insgesamt gegenüber den alten Preisen gespart, wenn sie alle vier Kleidungsstücke im Schlussverkauf erwirbt?

Testen, Üben, Vergleichen
5 Brüche und Dezimalbrüche (2)

1. a) $\frac{2}{7} \cdot 3$ b) $\frac{5}{9} \cdot 8$ c) $\frac{1}{6} \cdot 17$
   d) $6 \cdot \frac{1}{9}$ e) $2 \cdot \frac{11}{15}$ f) $7 \cdot \frac{6}{11}$

2. a) $3\frac{2}{3} \cdot 2$ b) $1\frac{4}{9} \cdot 3$ c) $2\frac{3}{7} \cdot 4$
   d) $2 \cdot 4\frac{1}{5}$ e) $2\frac{1}{6} \cdot 2$ f) $7 \cdot 1\frac{1}{2}$

3. a) $\frac{5}{6} : 4$ b) $\frac{2}{3} : 5$ c) $\frac{1}{10} : 4$
   d) $\frac{8}{7} : 4$ e) $\frac{15}{10} : 3$ f) $\frac{8}{5} : 4$

4. a) $2\frac{1}{4} : 2$ b) $4\frac{1}{5} : 3$ c) $1\frac{4}{7} : 6$
   d) $1\frac{1}{3} : 5$ e) $3\frac{1}{2} : 7$ f) $2\frac{4}{5} : 3$

5. $3\frac{1}{2}$ Käsetorten wurden von 9 Personen aufgegessen. Alle haben denselben Anteil gegessen. Wie groß ist er gewesen?

6. a) $4{,}9 \cdot 6$ b) $3{,}28 \cdot 4$ c) $6{,}51 \cdot 7$
   d) $15{,}7 \cdot 7$ e) $0{,}84 \cdot 3$ f) $2{,}87 \cdot 5$

7. a) $6{,}9 \cdot 14$ b) $17{,}5 \cdot 35$ c) $7{,}92 \cdot 18$
   d) $0{,}71 \cdot 19$ e) $0{,}83 \cdot 27$ f) $1{,}04 \cdot 16$

8. Eine Telefoneinheit kostet 0,12 €. Mirkos Telefongespräch war 17 Einheiten lang. Wie viel € kostet das Gespräch?

9. Ein Liter Super kostet 0,849 €. Ines tankt 32 Liter. Wie viel € muss sie bezahlen?

10. a) $5{,}7 : 5$ b) $2{,}24 : 4$ c) $9{,}72 : 3$
    d) $14{,}9 : 10$ e) $2{,}45 : 7$ f) $2{,}04 : 6$

11. Runde das Ergebnis auf zwei Stellen nach dem Komma.
    a) $5{,}39 : 8$ b) $18{,}7 : 9$ c) $1{,}45 : 10$
    d) $12{,}2 : 6$ e) $0{,}57 : 2$ f) $14{,}6 : 100$

12. Wandle in einen Dezimalbruch um. Welche Brüche sind periodisch?
    a) $\frac{1}{2}$ b) $\frac{3}{5}$ c) $\frac{2}{3}$ d) $\frac{5}{9}$
    e) $\frac{3}{4}$ f) $\frac{5}{6}$ g) $\frac{5}{8}$ h) $\frac{6}{7}$

13. Schreibe in der Prozentschreibweise.
    a) $\frac{75}{100}$ b) $0{,}21$ c) $\frac{8}{100}$ d) $0{,}08$

14. Schreibe als Bruch und als Dezimalbruch.
    a) 10 % b) 4 % c) 30 % d) 100 %

Multiplikation: Bruch mit natürlicher Zahl
Der Zähler wird mit der Zahl multipliziert. Der Nenner bleibt unverändert.

$\frac{2}{7} \cdot 3 = \frac{2 \cdot 3}{7} = \frac{6}{7}$ $4 \cdot \frac{1}{3} = \frac{4 \cdot 1}{3} = \frac{4}{3} = 1\frac{1}{3}$

Division: Bruch durch natürliche Zahl
Der Nenner wird mit der Zahl multipliziert. Der Zähler bleibt unverändert.

$\frac{3}{5} : 4 = \frac{3}{5 \cdot 4} = \frac{3}{20}$

Multiplikation: Dezimalbruch mit natürlicher Zahl
Man rechnet zunächst ohne Komma wie mit natürlichen Zahlen. Dann setzt man das Komma: Das Ergebnis hat ebenso viele Stellen nach dem Komma wie der Dezimalbruch.

```
4,26 · 12        4,26 · 12       Überschlag:
= 51,12           426            4,26 · 12
               +  852            ≈ 4 · 10
                 51,12              = 40
```

Division: Dezimalbruch durch natürliche Zahl
Man rechnet wie mit natürlichen Zahlen. Bevor man die Zehntel dividiert, überträgt man das Komma ins Ergebnis.

```
19,38 : 6 = 3,23    Probe:      Überschlag:
 18                 3,23 · 6    ≈ 18 : 6 = 3
 1 3                 19,38
 1 2
   18
   18
    0
```

Vom Bruch zum Dezimalbruch
Man dividiert den Zähler durch den Nenner. Häufig erhält man dabei einen periodischen Dezimalbruch.

Brüche mit dem Nenner 100 kann man in der **Prozentschreibweise** notieren.

$\frac{14}{100} = 14\%$ $0{,}26 = \frac{26}{100} = 26\%$

Testen, Üben, Vergleichen
5 Brüche und Dezimalbrüche (2)

1.
a) $\frac{3}{8} \cdot 4$ b) $\frac{5}{7} \cdot 5$ c) $\frac{1}{6} \cdot 6$ d) $\frac{9}{10} \cdot 6$ e) $\frac{4}{15} \cdot 8$ f) $\frac{7}{12} \cdot 3$
g) $6\frac{1}{2} \cdot 5$ h) $1\frac{3}{4} \cdot 7$ i) $3\frac{4}{5} \cdot 3$ j) $4\frac{2}{3} \cdot 6$ k) $10\frac{1}{2} \cdot 7$ l) $2\frac{3}{4} \cdot 6$

2.
a) $\frac{9}{2} : 3$ b) $\frac{4}{3} : 2$ c) $\frac{1}{9} : 10$ d) $\frac{3}{5} : 3$ e) $\frac{9}{14} : 9$ f) $\frac{4}{8} : 5$
g) $2\frac{1}{4} : 6$ h) $5\frac{3}{8} : 4$ i) $2\frac{3}{7} : 8$ j) $6\frac{1}{2} : 2$ k) $7\frac{2}{3} : 2$ l) $2\frac{2}{5} : 4$

3. Mit welcher natürlichen Zahl wurde multipliziert? Notiere die vollständige Aufgabe.
a) $\frac{3}{8} \cdot \square = \frac{21}{8}$ b) $\frac{4}{3} \cdot \square = \frac{24}{3}$ c) $\frac{7}{10} \cdot \square = \frac{63}{10}$ d) $\frac{9}{12} \cdot \square = \frac{45}{12}$

4. Notiere die Aufgabe und fülle die Leerkästchen aus.
a) $\frac{4}{7} : \square = \frac{\square}{49}$ b) $\frac{7}{11} : \square = \frac{\square}{66}$ c) $\frac{3}{4} : \square = \frac{\square}{36}$ d) $\frac{4}{5} : \square = \frac{\square}{40}$

5. Zu jeder roten Karte gehört eine blaue Karte. Ordne zu.

$\frac{1}{100}$	$\frac{1}{2}$	$\frac{1}{2}$	$\frac{3}{4}$	$\frac{1}{3}$	$\frac{1}{10}$
0,25	0,5	$0,\overline{3}$	8%	$0,\overline{6}$	0,2
$\frac{1}{5}$	$\frac{1}{4}$	$\frac{3}{4}$	$\frac{12}{100}$	$\frac{2}{3}$	$\frac{8}{100}$
0,1	75%	0,01	50%	0,75	12%

6. Überschlage erst das Ergebnis. Rechne dann genau.
a) 6,25 € · 9   b) 4,49 € · 7   c) 14,89 € · 12   d) 23,45 € · 21
e) 37,59 € : 7   f) 74,16 € : 4   g) 61,50 € : 10   h) 9,88 € : 13

7. Eine Schule bestellt 26 Mathematikbücher. Dafür müssen 383,50 € bezahlt werden. Wie teuer ist ein Schulbuch?

8. Romy fährt jeden Tag mit dem Fahrrad zur Schule. Das sind für den Hin- und Rückweg 12,7 km. Wie viel Kilometer fährt sie in einer Schulwoche von Montag bis Freitag?

9. Eine Tippgemeinschaft aus 6 Personen hat im Lotto 1 283 € gewonnen. Wie viel € erhält jede Person?

10. Rechne aus. Mache anschließend die Probe.
a) 0,09 : 3   b) 2,348 : 4   c) 0,02 : 5   d) 5,42 : 8   e) 2,3 : 20
f) 0,18 : 6   g) 3,02 : 5   h) 3,05 : 10   i) 2,4 : 12   j) 22,6 : 50

11. Runde auf die übliche Stellenzahl.
a) 14,26 € : 5   b) 3,27 m : 2   c) 25,27 kg : 6   d) 7,55 m : 10   e) 0,25 m : 8
f) 5,00 € : 3   g) 8,15 m : 7   h) 70,04 kg : 100   i) 15,4 m : 8   j) 1,00 m : 6

12. a) Alexia und Thomas kaufen für ihre neue Küche einen Elektroherd für 524,75 € und einen Kühlschrank für 402,60 €. Wie teuer sind beide Geräte zusammen?
b) 50% des Gesamtpreises bezahlen die Eltern von Alexia und Thomas. Wie viel Euro geben die Eltern dazu?

13. a) 1% von 460 €   b) 1% von 2 800 m   c) 1% von 4 360 kg   d) 1% von 85 €
e) 1% von 9 m   f) 14% von 600 €   g) 11% von 800 kg   h) 7% von 26 000 €
i) 25% von 80 kg   j) 6% von 3 500 m   k) 60% von 1500 €   l) 75% von 2 400 kg

6 Körper

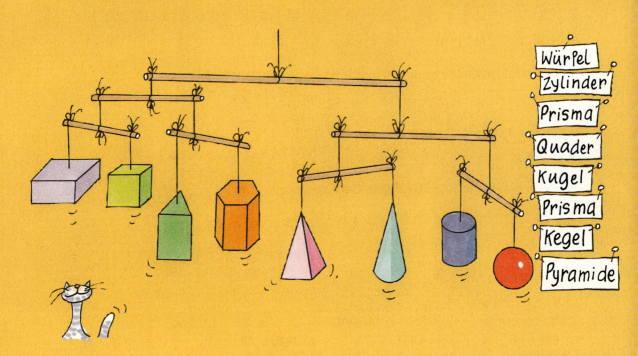

6 Körper

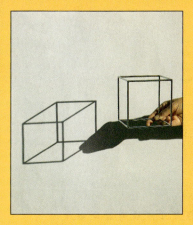
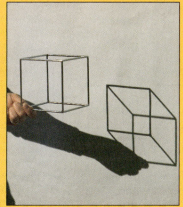
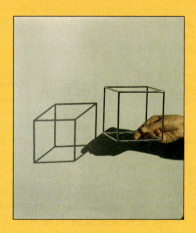

© 1998 M. C. Escher/Cordon Art-Baarn-Holland: Wasserfall

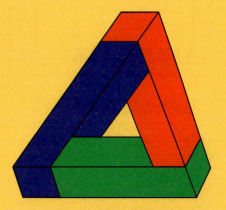

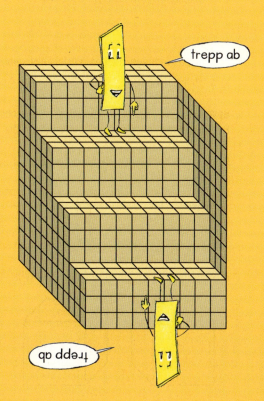

Schrägbilder

Worin unterscheiden sich die Würfel-Bilder?

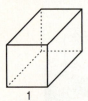
1　　　　　2　　　　　3　　　　　4　　　　　5　　　　　6

Zeichnen eines Schrägbildes

| Vorderfläche zeichnen. | Senkrecht nach hinten laufende Kanten in halber Länge unter 45° zeichnen. | Fehlende Kanten zeichnen. Unsichtbare Kanten gestrichelt. |

Nach hinten verlaufende Kanten enden nicht immer auf einem Gitterpunkt.

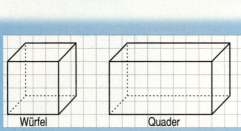 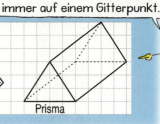 

Würfel　　　　Quader　　　　Pyramide　　　　Prisma

Aufgaben

1. Zeichne das Schrägbild eines Würfels bzw. eines Quaders mit den angegebenen Kantenlängen.
   a) a = b = c = 6 cm　　b) a = 3 cm　b = 4 cm　c = 6 cm　　c) a = 8 cm　b = 6 cm　c = 4 cm

2. Besorge dir eine quaderförmige Streichholzschachtel und fertige davon drei verschiedene Schrägbilder an. Beginne jeweils mit einer anderen Vorderfläche.

3. Finde die Fehler bei den abgebildeten „Würfel-Schrägbildern".

   a)　　　b)　　　c)　　　d)　　　e)　　　f)

4. Aus welcher Blickrichtung siehst du den Würfel?

   a)　　　　b)　　　　c)　　　　d)
    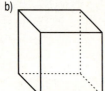 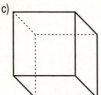 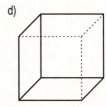

Den ersten Würfel sieht man von rechts oben.

6 Körper

5. Übertrage das Schrägbild in dein Heft.

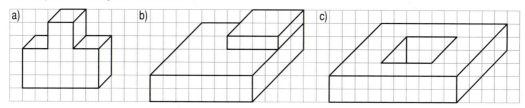

6. Zeichne das Schrägbild des Körpers.
   a) Würfel mit a = 6,4 cm
   b) Quader mit a = 7 cm   b = 4,5 cm   c = 3,2 cm

7. Übertrage das angefangene Quader-Schrägbild in dein Heft. Ergänze die fehlenden Kanten.

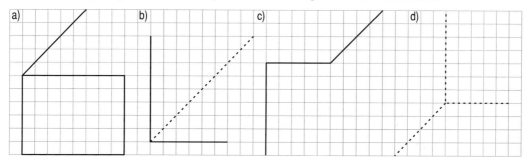

8. Zeichne das Schrägbild des Prismas. Übertrage dazu zuerst die abgebildete Vorderfläche in dein Heft. Die nach hinten verlaufenden Kanten sind je 4 cm lang.

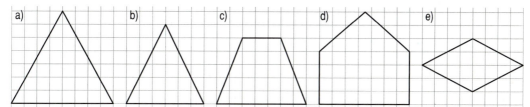

9.
   a) Zeichne den Blockbuchstaben T im Schrägbild. Wähle dafür folgende Maße: a = 3 cm, b = 1 cm, c = 4 cm, d = 1 cm.
   b) Zeichne entsprechende Schrägbilder der Buchstaben L und E. Wähle die Maße selbst.
   c) Finde weitere Buchstaben, von denen du gut Schrägbilder zeichnen kannst.

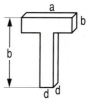

10. Schau dir die beiden „Kipp- und Umspringbilder" genau an, dann weißt du, woher die Bezeichnung kommt. Drehe dein Buch und betrachte erneut.

a)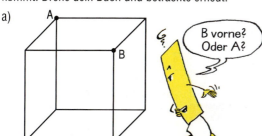

b)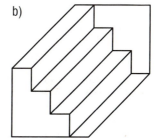

Welcher Eckpunkt liegt vorne? Wie sind die Linien zu zeichnen, damit dies eindeutig ist?

Wie viele Treppenstufen sieht man? Sieht man sie von oben oder von unten?

6 Körper

Würfel- und Quadernetze

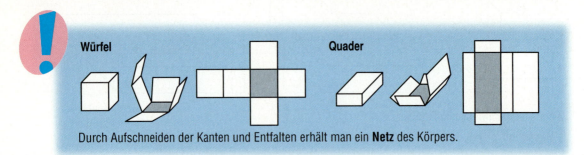

Durch Aufschneiden der Kanten und Entfalten erhält man ein **Netz** des Körpers.

Aufgaben

1. a) Zeichne das oben abgebildete Würfelnetz mit der Kantenlänge a = 5 cm auf ein kariertes DIN-A4-Blatt.
   b) Welche Kanten des Netzes bilden beim Zusammenkleben des Würfels eine gemeinsame Kante? Färbe diese jeweils mit derselben Farbe.
   c) Überlege, wie viele Klebelaschen benötigt werden, und zeichne sie ein (5 mm breit).
   d) Schneide das Würfelnetz aus, falte und klebe zum Würfel zusammen.

2. Übertrage das Würfelnetz mit einer Kantenlänge von a = 1 cm in dein Heft. Färbe die jeweils gegenüberliegenden Flächen des Würfels mit derselben Farbe.

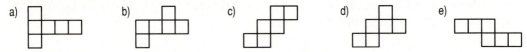

3. Welche Netze lassen sich nicht zu einem Würfel falten? Begründe deine Antwort.

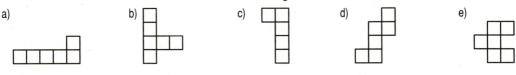

4. Die farbige Würfelfläche ist festgeklebt. Wo (links, rechts, oben, vorne, hinten) sind die anderen Flächen, wenn das Netz zum Würfel gefaltet wird?

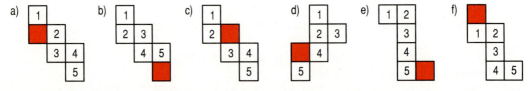

5. Welcher Würfel gehört zu dem gezeichneten Würfelnetz?

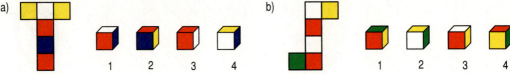

6. *Für Teamarbeit:* Jedes Kind aus deiner Klasse zeichnet drei verschiedene Würfelnetze im Heft. Tragt sie anschließend an der Tafel zusammen, gleichartige Netze nur einmal. Es gibt 11 verschiedene Würfelnetze.

6 Körper

7. a) Zeichne das Netz eines Quaders mit den Kantenlängen a = 6 cm, b = 4 cm, c = 3 cm in dein Heft. Färbe alle zueinander parallelen Flächen des Quaders mit derselben Farbe.

b) Zeichne ein anderes Netz desselben Quaders auf ein kariertes Blatt, zeichne Klebelaschen ein, schneide aus, falte und klebe zum Quader zusammen.

8. Übertrage das unvollständige Quadernetz in dein Heft und ergänze die fehlenden Rechtecke.

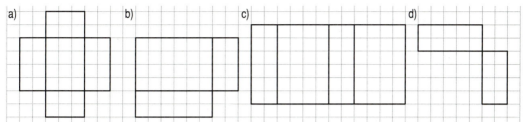

a) b) c) d)

9. Welche Flächen müssten geändert werden, damit man aus dem Netz einen Quader basteln kann?

a) b) c) d)

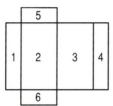 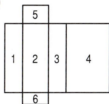 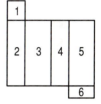

10. Lässt sich das Netz zu einem Quader zusammenfalten?

a) b) c) d)

 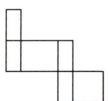 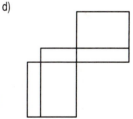

11. Welche Punkte fallen aufeinander, wenn das abgebildete Netz zum Quader zusammengefaltet wird? Zeichne, schneide aus und falte, wenn dir das hilft.

a) b)

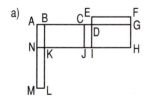  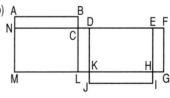

Schreibe so ins Heft:
A ⟷ G
B ⟷ ...

12. Zeichne möglichst viele Quadernetze. Du darfst nur diese Rechtecke verwenden – auch mehrfach.

Spitze Schachteln

6 Körper

Spitze Schachteln

Festes Papier
30 cm lang, 30 cm breit
z.B. Tapetenreste oder
festes Geschenkpapier

Schere
Kleber
Lineal

Klebefläche
Verschlusslasche
Faltlinie
Schneidelinie

Arbeitsanleitung:
1. Netz mit den gegebenen Maßen auf das Papier übertragen
2. Netz ausschneiden
3. Papier an den Faltlinien knicken (mit Lineal geht es besser!)
4. Klebeflächen zusammenkleben

Dreiecksschachtel

6,5 cm
8 cm
Klebefläche 2 cm breit
16 cm
16 cm
8 cm 8 cm 8 cm
6,5 cm

Pyramidenschachtel

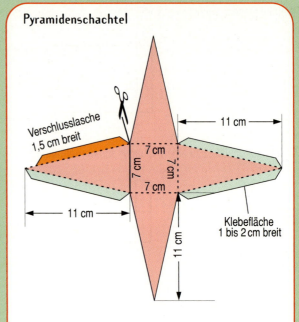

Verschlusslasche 1,5 cm breit
11 cm
7 cm
7 cm
7 cm
7 cm
11 cm
11 cm
Klebefläche 1 bis 2 cm breit

Schneidelinie ——— aufschneiden und Pyramide mit Verschlusslasche schließen.

Die oberen Dreiecksspitzen nach außen falten und fächerartig ineinander stecken.

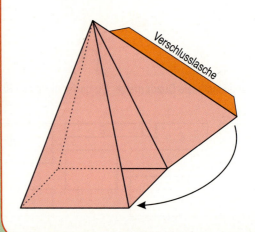

Verschlusslasche

Testen, Üben, Vergleichen

6 Körper

1. Zeichne das Schrägbild eines Würfels mit der Kantenlänge a = 5 cm.

2. Zeichne das Schrägbild eines Quaders mit den Kantenlängen a = 3 cm, b = 7 cm, c = 5 cm.

3. Finde die Fehler am „Würfel-Schrägbild".

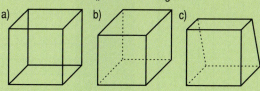

Zeichnen eines Schrägbildes

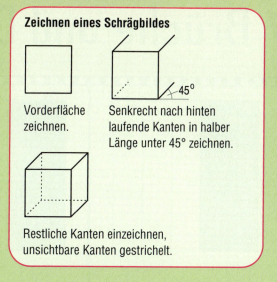

Vorderfläche zeichnen.

Senkrecht nach hinten laufende Kanten in halber Länge unter 45° zeichnen.

Restliche Kanten einzeichnen, unsichtbare Kanten gestrichelt.

4. Zeichne das Netz eines Würfels mit der Kantenlänge a = 4 cm.

5. Zeichne ein Quadernetz mit den Kantenlängen a = 4 cm, b = 5 cm, c = 3 cm.

6. Welche Würfel lassen sich aus dem Netz herstellen?

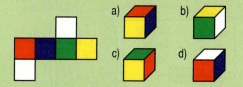

Schrägbild	Körper	Netz

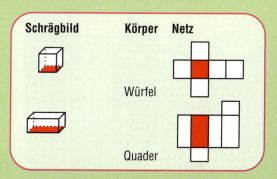

Würfel

Quader

7. Aus welchem Netz lässt sich kein Würfel zusammenbauen?

a) b) c) d) e) f)

8. Baue in Gedanken zum Würfel zusammen. Welche Fläche liegt der farbigen Fläche gegenüber?

a) b) c) d) e) f)

9. Setze jeweils sechs Rechtecke zu einem Quadernetz zusammen.

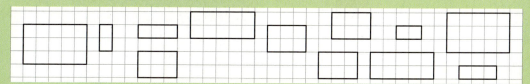

7 Brüche und Dezimalbrüche (3)

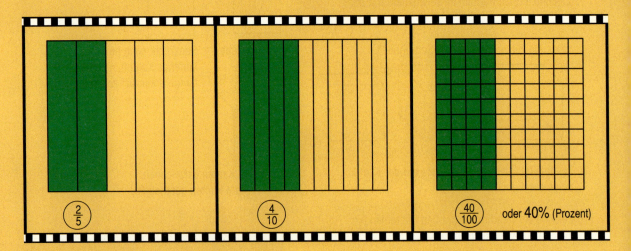

7 Brüche und Dezimalbrüche (3)

vom 4.8.	SPEZIALTRAINING ELFMETERSCHIESSEN	bis 15.10.
Name	Schüsse	Treffer
Achmed O.	40	22
Stefan T.	50	24
Dirk T.	25	22
Mike K.	20	7
Goran S.	50	41
Igor P.	80	33
Timo W.	100	79
Frank K.	60	27
Kemal B.	49	14
Daniel W.	75	67

7 Brüche und Dezimalbrüche (3)

Verfeinern und Vergröbern von Unterteilungen

! Durch Verfeinern oder Vergröbern von Unterteilungen kann man gleiche Bruchteile auf verschiedene Weise darstellen.

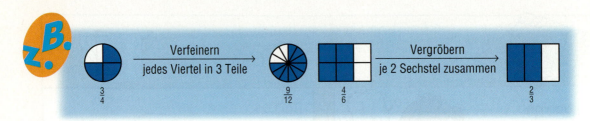

Aufgaben

1. Übertrage ins Heft und verfeinere zeichnerisch. Schreibe beide Darstellungen desselben Bruchteils auf.

a) Jedes Viertel in 2 Teile b) Jedes Fünftel in 4 Teile c) Jedes Drittel in 3 Teile

 $\frac{3}{4} = \frac{\ }{\ }$

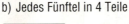 $\frac{2}{5} = \frac{\ }{\ }$

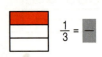 $\frac{1}{3} = \frac{\ }{\ }$

2. Übertrage ins Heft, zeichne die Vergrößerung daneben. Schreibe beide Darstellungen des Bruchteils auf.

a) Je 2 Achtel zusammen b) Je 4 Vierundzwanzigstel zusammen c) Je 3 Fünfzehntel zusammen

 $\frac{6}{8} = \frac{\ }{\ }$

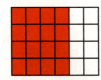 $\frac{16}{24} = \frac{\ }{\ }$

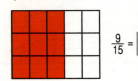 $\frac{9}{15} = \frac{\ }{\ }$

3. Notiere die neue Darstellung des Bruchteils. Wenn es dir hilft, zeichne ungefähr die Verfeinerung.

Besser als ein Fehler ist eine kleine Skizze aus freier Hand.

a) Jedes Drittel in 4 Teile b) Jedes Fünftel in 2 Teile c) Jedes Zehntel in 3 Teile

$\frac{2}{3} = \square$, $\frac{1}{3} = \square$ $\frac{2}{5} = \square$, $\frac{4}{5} = \square$, $\frac{3}{5} = \square$ $\frac{7}{10} = \square$, $\frac{3}{10} = \square$, $\frac{9}{10} = \square$

4. Notiere die neue Darstellung des Bruchteils. Eine Skizze kann dir dabei helfen.

a) Je 2 Achtel zusammen b) Je 3 Zwölftel zusammen c) Je 4 Zwanzigstel zusammen

$\frac{4}{8} = \square$, $\frac{2}{8} = \square$, $\frac{6}{8} = \square$ $\frac{9}{12} = \square$, $\frac{6}{12} = \square$, $\frac{12}{12} = \square$ $\frac{8}{20} = \square$, $\frac{12}{20} = \square$, $\frac{16}{20} = \square$

7 Brüche und Dezimalbrüche (3)

Erweitern und Kürzen

Man **erweitert** einen Buch, indem man Zähler und Nenner mit derselben Zahl multipliziert.

Man **kürzt** einen Bruch, indem man Zähler und Nenner durch dieselbe Zahl dividiert.

Beim Erweitern und Kürzen eines Bruches **ändert** sich der **Wert nicht.**

Erweitere $\frac{2}{3}$ mit 4.   Lösung: $\frac{2}{3} = \frac{2 \cdot 4}{3 \cdot 4} = \frac{8}{12}$

Kürze $\frac{4}{6}$ durch 2.   Lösung: $\frac{4}{6} = \frac{4:2}{6:2} = \frac{2}{3}$

Aufgaben

1. Erweitere den Bruch mit der angegebenen Zahl.

$\frac{2}{3} = \frac{2 \cdot 2}{3 \cdot 2} = \frac{4}{6}$

	a)	b)	c)	d)	e)	f)	g)	h)	i)	j)	k)	l)
Bruch	$\frac{2}{3}$	$\frac{1}{4}$	$\frac{3}{4}$	$\frac{2}{5}$	$\frac{1}{6}$	$\frac{7}{10}$	$\frac{4}{5}$	$\frac{1}{3}$	$\frac{3}{5}$	$\frac{3}{8}$	$\frac{1}{2}$	$\frac{3}{10}$
erweitert mit	2	5	3	2	10	2	4	5	20	30	50	10

2. Kürze den Bruch durch die angegebene Zahl.

$\frac{6}{15} = \frac{6:3}{15:3} =$

	a)	b)	c)	d)	e)	f)	g)	h)	i)	j)	k)	l)
Bruch	$\frac{6}{15}$	$\frac{4}{8}$	$\frac{4}{6}$	$\frac{10}{30}$	$\frac{6}{9}$	$\frac{8}{10}$	$\frac{20}{50}$	$\frac{20}{60}$	$\frac{10}{15}$	$\frac{50}{100}$	$\frac{80}{120}$	$\frac{100}{140}$
gekürzt durch	3	4	2	10	3	2	10	20	5	50	40	20

3. Mit welcher Zahl wurde erweitert?

a) $\frac{3}{5} = \frac{6}{10}$ b) $\frac{3}{7} = \frac{30}{70}$ c) $\frac{7}{10} = \frac{35}{50}$ d) $\frac{1}{2} = \frac{8}{16}$ e) $\frac{4}{5} = \frac{16}{20}$ f) $\frac{2}{3} = \frac{40}{60}$ g) $\frac{3}{5} = \frac{60}{100}$

4. Durch welche Zahl wurde gekürzt?

a) $\frac{6}{12} = \frac{1}{2}$ b) $\frac{6}{14} = \frac{3}{7}$ c) $\frac{15}{20} = \frac{3}{4}$ d) $\frac{70}{100} = \frac{7}{10}$ e) $\frac{12}{18} = \frac{2}{3}$ f) $\frac{5}{25} = \frac{1}{5}$ g) $\frac{15}{30} = \frac{1}{2}$

5. Ergänze die fehlenden Zahlen.

a)

	(1)	(2)	(3)	(4)
Bruch	$\frac{4}{5}$	$\frac{2}{7}$		$\frac{4}{25}$
erweitert mit	3		5	
neuer Bruch		$\frac{4}{14}$	$\frac{5}{10}$	$\frac{16}{100}$

b)

	(1)	(2)	(3)	(4)
Bruch	$\frac{10}{12}$		$\frac{15}{20}$	$\frac{25}{100}$
gekürzt durch	2	3		5
neuer Bruch		$\frac{3}{10}$	$\frac{3}{4}$	

6. Erweitere auf den angegebenen Nenner.

a) $\frac{1}{2} = \frac{\square}{4}$ b) $\frac{1}{3} = \frac{\square}{9}$ c) $\frac{1}{4} = \frac{\square}{20}$ d) $\frac{2}{5} = \frac{\square}{25}$ e) $\frac{1}{6} = \frac{\square}{30}$ f) $\frac{3}{7} = \frac{\square}{35}$

$\frac{1}{2} = \frac{\square}{10}$ $\frac{1}{3} = \frac{\square}{6}$ $\frac{3}{4} = \frac{\square}{100}$ $\frac{3}{5} = \frac{\square}{100}$ $\frac{5}{6} = \frac{\square}{24}$ $\frac{5}{7} = \frac{\square}{70}$

7. Kürze auf den angegebenen Nenner.

a) $\frac{4}{6} = \frac{\square}{3}$ b) $\frac{3}{15} = \frac{\square}{5}$ c) $\frac{2}{12} = \frac{\square}{6}$ d) $\frac{8}{20} = \frac{\square}{5}$ e) $\frac{35}{100} = \frac{\square}{20}$ f) $\frac{8}{18} = \frac{\square}{9}$

$\frac{3}{6} = \frac{\square}{2}$ $\frac{10}{15} = \frac{\square}{3}$ $\frac{9}{12} = \frac{\square}{4}$ $\frac{14}{20} = \frac{\square}{10}$ $\frac{40}{100} = \frac{\square}{5}$ $\frac{12}{18} = \frac{\square}{3}$

8. a) $\frac{3}{1} = \frac{\square}{10}$ b) $\frac{5}{1} = \frac{10}{\square}$ c) $\frac{60}{20} = \frac{\square}{1}$ d) $\frac{300}{100} = \frac{3}{\square}$ e) $1 = \frac{11}{\square}$ f) $2 = \frac{\square}{100}$

9. Kürze so weit wie möglich.

a) $\frac{12}{18}$ b) $\frac{5}{10}$ c) $\frac{8}{20}$ d) $\frac{15}{20}$ e) $\frac{6}{24}$ f) $\frac{25}{100}$ g) $\frac{30}{50}$ h) $\frac{12}{14}$ i) $\frac{6}{12}$

$\frac{4}{8}$ $\frac{3}{12}$ $\frac{8}{10}$ $\frac{6}{15}$ $\frac{12}{30}$ $\frac{20}{50}$ $\frac{18}{20}$ $\frac{12}{16}$ $\frac{75}{100}$

$\frac{12}{18} = \frac{6}{9} = \frac{2}{3}$

10. Welcher Bruchteil ist gefärbt? Gib jeweils zwei Brüche an.

a) b) c) d) e)

f) g) h) i) j)

11. Das nebenstehende Bild zeigt den Unterschied zwischen *Erweitern* und *Multiplizieren*. Erkläre!

a) Erkläre selbst durch eine Zeichnung den Unterschied zwischen „$\frac{3}{4}$ erweitert mit 3" und „$\frac{3}{4}$ multipliziert mit 3".

b) Erkläre selbst durch eine Zeichnung den Unterschied zwischen „$\frac{6}{10}$ gekürzt durch 2" und „$\frac{6}{10}$ dividiert durch 2".

Wetten, dass einige den großen Unterschied bald wieder vergessen haben?

erweitert mit 4   multipliziert mit 4

$\frac{2}{3} = \frac{8}{12}$ $4 \cdot \frac{2}{3} = \frac{8}{3} = 2\frac{2}{3}$

12. a) $\frac{2}{5}$ erweitert mit 3   b) $\frac{4}{7}$ erweitert mit 2   c) $\frac{3}{4}$ erweitert mit 5   d) $\frac{1}{3}$ erweitert mit 10

$3 \cdot \frac{2}{5}$ $2 \cdot \frac{4}{7}$ $5 \cdot \frac{3}{4}$ $10 \cdot \frac{1}{3}$

e) $\frac{8}{12}$ gekürzt durch 4   f) $\frac{5}{15}$ gekürzt durch 5   g) $\frac{20}{30}$ gekürzt durch 10   h) $\frac{6}{15}$ gekürzt durch 3

$\frac{8}{12} : 4$ $\frac{5}{15} : 5$ $\frac{20}{30} : 10$ $\frac{6}{15} : 3$

13. Wie heißt die Aufgabe? Es wird erweitert, gekürzt, multipliziert oder dividiert.

	a)	b)	c)	d)	e)	f)	g)	h)
Bruch	$\frac{2}{3}$	$\frac{2}{3}$	$\frac{6}{12}$	$\frac{6}{7}$	$\frac{3}{8}$	$\frac{4}{7}$	$\frac{1}{4}$	$\frac{3}{8}$
Aufgabe	???	???	???	???	???	???	???	???
neuer Bruch	$\frac{10}{15}$	$\frac{4}{3}$	$\frac{1}{2}$	$\frac{1}{7}$	$\frac{3}{16}$	$\frac{2}{7}$	$1\frac{1}{4}$	$1\frac{1}{8}$

14. Fehler über Fehler! Was wurde falsch gemacht?

7 Brüche und Dezimalbrüche (3)

Brüche, Dezimalbrüche und Prozentschreibweise

(1) Viele Brüche kann man auf die Nenner 10, 100, 1000 … erweitern (oder kürzen) und dann als Dezimalbruch und in der Prozentschreibweise notieren.

(2) Alle Brüche kann man durch die Division „Zähler : Nenner" in Dezimalbrüche umwandeln und dann auch in der Prozentschreibweise notieren.

(1) Notiere $\frac{7}{20}$ als Dezimalbruch und in der Prozentschreibweise.

$\frac{7}{20}$ $\xrightarrow{\text{erweitert mit 5}}$ $\frac{35}{100} = 0{,}35$

$\frac{7}{20} = 0{,}35 = 35\%$

(2) Notiere $\frac{2}{3}$ als Dezimalbruch und in der Prozentschreibweise.

$\frac{2}{3} = 2 : 3 = 0{,}66\ldots \approx 0{,}67$

$\frac{2}{3} \approx 0{,}67 = 67\%$

Aufgaben

1. Erweitere auf den Nenner 10 oder 100, notiere dann als Dezimalbruch und in der Prozentschreibweise.
   a) $\frac{1}{2}$ b) $\frac{1}{4}$ c) $\frac{3}{5}$ d) $\frac{3}{20}$ e) $\frac{11}{50}$ f) $\frac{9}{25}$ g) $\frac{4}{5}$ h) $\frac{19}{50}$ i) $\frac{7}{20}$ j) $\frac{43}{50}$ k) $\frac{2}{5}$

2. Schreibe als Bruch. Kürze so weit wie möglich.
   a) 16 % b) 25 % c) 30 % d) 75 % e) 24 % f) 70 % g) 35 % h) 15 % i) 36 %

3. Notiere in der Prozentschreibweise: a) 0,47 b) 0,68 c) 0,03 d) 0,07 e) 0,6 f) 0,9

4. Schreibe als Dezimalbruch: a) 31 % b) 7 % c) 90 % d) 68 % e) 40 % f) 5 %

5. Lies die nebenstehende Zeitungsmeldung und rechne möglichst einfach aus: Wie viele Kinder der 6b wachsen in einer Familie mit beiden Elternteilen auf?

   > Von den 28 Schülerinnen und Schülern der 6b wachsen nur 25 % in einer Familie mit beiden Elternteilen auf.

6. Berechne mit einem Bruchteil.
   a) 50 % von 24 €
   b) 25 % von 60 kg
   c) 75 % von 40 €
   d) 20 % von 35 kg
   e) etwa 33 % von 15 m
   f) ca. 67 % von 90 m

7 Brüche und Dezimalbrüche (3)

Vergleichen von Brüchen

Kira und Nadja wohnen in demselben Haus. Die Familien haben dasselbe Ziel.

Größenvergleich für Brüche:

(1) Man erweitert sie auf denselben Nenner.

(2) Man vergleicht die zugehörigen Zähler.

Beispiel: $\frac{1}{2}$ ☐ $\frac{3}{5}$

$\left.\begin{array}{l}\frac{1}{2} = \frac{5}{10} \\ \frac{3}{5} = \frac{6}{10}\end{array}\right\}$ $\frac{5}{10} < \frac{6}{10}$, also $\frac{1}{2} < \frac{3}{5}$

Aufgaben

1. Erkläre am Bild, wie man einen gemeinsamen Nenner für zwei Brüche findet.

2. Erweitere auf denselben Nenner und setze das richtige Zeichen „<" oder „>" ein.

   a) $\frac{3}{4}$ ☐ $\frac{4}{5}$ b) $\frac{3}{5}$ ☐ $\frac{7}{10}$ c) $\frac{1}{2}$ ☐ $\frac{5}{8}$

   d) $\frac{5}{6}$ ☐ $\frac{11}{15}$ e) $\frac{9}{20}$ ☐ $\frac{13}{30}$ f) $\frac{3}{4}$ ☐ $\frac{5}{8}$

3. a) $\frac{2}{3}$ ☐ $\frac{3}{5}$ b) $\frac{5}{6}$ ☐ $\frac{7}{10}$ c) $\frac{3}{8}$ ☐ $\frac{5}{12}$ d) $\frac{5}{9}$ ☐ $\frac{7}{12}$ e) $\frac{1}{4}$ ☐ $\frac{3}{10}$ f) $\frac{4}{5}$ ☐ $\frac{11}{15}$

4. Erkläre, wie Marc das Problem löst.

5. Vergleiche die Brüche wie Marc.

   a) $\frac{5}{7}$ ☐ $\frac{7}{9}$ b) $\frac{5}{8}$ ☐ $\frac{7}{10}$ c) $\frac{4}{9}$ ☐ $\frac{11}{21}$

   d) $\frac{3}{7}$ ☐ $\frac{5}{11}$ e) $\frac{6}{13}$ ☐ $\frac{4}{9}$ e) $\frac{7}{8}$ ☐ $\frac{17}{19}$

6. Vergleiche durch Erweitern oder durch Dividieren.

   a) $\frac{5}{8}$ ☐ $\frac{7}{12}$ b) $\frac{3}{5}$ ☐ $\frac{7}{10}$ c) $\frac{1}{2}$ ☐ $\frac{2}{3}$ d) $\frac{6}{7}$ ☐ $\frac{11}{13}$ e) $\frac{9}{10}$ ☐ $\frac{10}{11}$ f) $\frac{3}{4}$ ☐ $\frac{5}{6}$

7. Vergleiche die Brüche, ohne sie zu verändern.

   a) $\frac{3}{7}$ ☐ $\frac{3}{8}$ b) $\frac{2}{5}$ ☐ $\frac{2}{3}$ c) $\frac{4}{9}$ ☐ $\frac{4}{7}$ d) $\frac{7}{10}$ ☐ $\frac{7}{11}$ e) $\frac{3}{8}$ ☐ $\frac{3}{5}$

8. Kürze, dann vergleiche.   a) $\frac{3}{9}$ ☐ $\frac{2}{8}$ b) $\frac{4}{32}$ ☐ $\frac{5}{25}$ c) $\frac{10}{35}$ ☐ $\frac{18}{27}$

9. Wie viel fehlt jeweils bis zum Ganzen? Vergleiche die Brüche auf diese Weise.

   a) $\frac{9}{10}$ ☐ $\frac{7}{8}$ b) $\frac{4}{5}$ ☐ $\frac{8}{9}$ c) $\frac{5}{6}$ ☐ $\frac{3}{4}$ d) $\frac{11}{12}$ ☐ $\frac{24}{25}$ e) $\frac{18}{19}$ ☐ $\frac{13}{14}$

7 Brüche und Dezimalbrüche (3)

Addition und Subtraktion

> Brüche mit verschiedenen Nennern werden vor dem Addieren oder Subtrahieren zuerst so erweitert, dass sie den gleichen Nenner haben.

6 ist ein Vielfaches von 3.

$4 \cdot 5 = 20$

z.B.

$\frac{3}{4} + \frac{2}{5} = \frac{15}{20} + \frac{8}{20} = \frac{23}{20} = 1\frac{3}{20}$ $\frac{5}{6} - \frac{1}{3} = \frac{5}{6} - \frac{2}{6} = \frac{3}{6} = \frac{1}{2}$ $3\frac{1}{2} + \frac{3}{4} = 3\frac{2}{4} + \frac{3}{4} = 3\frac{5}{4} = 4\frac{1}{4}$

Aufgaben

1. Den neuen Nenner findest du durch Multiplizieren beider Nenner.
   a) $\frac{1}{4} + \frac{2}{3}$ b) $\frac{1}{3} + \frac{2}{5}$ c) $\frac{1}{2} + \frac{4}{9}$ d) $\frac{5}{6} - \frac{2}{5}$ e) $\frac{3}{4} - \frac{1}{3}$ f) $\frac{4}{5} - \frac{1}{2}$

2. Einer der beiden Nenner ist ein Vielfaches des anderen.
   a) $\frac{5}{8} - \frac{1}{4}$ b) $\frac{8}{9} - \frac{2}{3}$ c) $\frac{5}{6} - \frac{1}{2}$ d) $\frac{3}{4} + \frac{1}{2}$ e) $\frac{5}{8} + \frac{1}{4}$ f) $\frac{2}{5} + \frac{3}{10}$

3. Erweitere zuerst auf gleiche Nenner.
   a) $\frac{3}{10} + \frac{2}{3}$ b) $\frac{3}{4} - \frac{7}{12}$ c) $\frac{2}{7} + \frac{3}{5}$ d) $\frac{8}{15} - \frac{2}{5}$ e) $\frac{3}{4} + \frac{4}{5}$ f) $\frac{11}{12} - \frac{5}{6}$
   g) $\frac{4}{5} - \frac{5}{8}$ h) $\frac{5}{12} + \frac{1}{3}$ i) $\frac{4}{9} - \frac{1}{5}$ j) $\frac{11}{20} + \frac{3}{5}$ k) $\frac{4}{5} - \frac{1}{3}$ l) $\frac{4}{9} + \frac{2}{3}$

4. Wie viel kg Weintrauben sind auf der Waage?

   a)    b)    c)

5. Auch bei gemischter Schreibweise: erst erweitern.
   a) $2\frac{1}{2} + \frac{3}{4}$ b) $4\frac{3}{4} - \frac{1}{3}$ c) $2\frac{3}{5} - \frac{1}{2}$ d) $4\frac{7}{10} - \frac{2}{5}$
   e) $5\frac{2}{3} - 2\frac{1}{4}$ f) $6\frac{3}{8} + 2\frac{1}{4}$ g) $5\frac{8}{9} - 2\frac{2}{3}$ h) $3\frac{2}{5} + 1\frac{2}{3}$

   z.B. $4\frac{1}{2} + 5\frac{2}{3} = 4\frac{3}{6} + 5\frac{4}{6}$
   $= 9\frac{7}{6} = 10\frac{1}{6}$

6. a) $2\frac{3}{5} + 1\frac{1}{2}$ b) $4\frac{5}{6} - 1\frac{2}{3}$ c) $2\frac{3}{8} + 3\frac{1}{4}$ d) $4\frac{4}{5} - 2\frac{1}{2}$
   e) $5\frac{7}{10} - 3\frac{2}{5}$ f) $8\frac{1}{2} - 3\frac{2}{5}$ g) $3\frac{3}{8} - 1\frac{1}{3}$ h) $2\frac{5}{12} + 1\frac{5}{6}$

   z.B. $7\frac{4}{5} - 2\frac{3}{10} = 7\frac{8}{10} - 2\frac{3}{10}$
   $= 5\frac{5}{10} = 5\frac{1}{2}$

7 Brüche und Dezimalbrüche (3)

7.

Beide rechnen richtig, aber Julias Rechenweg ist kürzer. Welchen Rechenschritt spart sie?

8. Wähle den Rechenweg, den du lieber magst.
a) $\frac{3}{4} + \frac{1}{6}$ b) $\frac{5}{8} - \frac{1}{6}$ c) $\frac{7}{10} + \frac{5}{8}$ d) $\frac{5}{6} - \frac{1}{4}$ e) $\frac{3}{10} + \frac{8}{15}$ f) $\frac{8}{9} - \frac{5}{6}$

9. Rechne aus.
a) $\frac{7}{8} - \frac{1}{6}$ b) $\frac{7}{10} + \frac{8}{15}$ c) $\frac{5}{12} - \frac{3}{20}$ d) $\frac{3}{10} + \frac{3}{8}$ e) $\frac{5}{6} - \frac{7}{9}$ f) $\frac{7}{12} + \frac{3}{8}$
g) $4\frac{1}{4} + 2\frac{1}{6}$ h) $3\frac{3}{4} - 1\frac{3}{10}$ i) $8\frac{3}{10} + 2\frac{4}{15}$ j) $5\frac{7}{12} - 2\frac{1}{8}$ k) $3\frac{4}{9} + 2\frac{5}{6}$ l) $5\frac{5}{12} - 2\frac{1}{4}$

10. Bestimme die fehlende Zahl.
a) $\blacksquare - \frac{1}{3} = \frac{1}{2}$ b) $\blacksquare + \frac{2}{5} = \frac{7}{10}$ c) $\blacksquare - \frac{3}{4} = \frac{5}{8}$ d) $\blacksquare + \frac{3}{10} = \frac{2}{3}$ e) $\blacksquare + \frac{2}{5} = 1\frac{9}{10}$

11.
a) Armin denkt sich eine Zahl und addiert $\frac{2}{5}$. Das Ergebnis ist $\frac{7}{10}$. Welche Zahl ist es?
b) Beate subtrahiert von ihrer Zahl $\frac{5}{8}$. Als Ergebnis erhält sie $\frac{3}{4}$.
c) Corinna addiert zu ihrer Zahl $2\frac{1}{4}$ und erhält als Ergebnis $5\frac{1}{2}$.
d) Daniel subtrahiert von seiner Zahl $1\frac{2}{5}$ und erhält als Ergebnis $2\frac{3}{10}$.

12. Manchmal musst du für das Subtrahieren auch noch einen Einer in Bruchteile umwandeln.

$4\frac{1}{6} - 1\frac{1}{3} = 4\frac{1}{6} - 1\frac{2}{6}$
$= 3\frac{7}{6} - 1\frac{2}{6}$
$= 2\frac{5}{6}$

Umwandeln: $1 = \frac{6}{6}$

a) $2\frac{1}{2} - \frac{3}{4}$ b) $4\frac{3}{10} - \frac{4}{5}$ c) $2\frac{2}{3} - \frac{5}{6}$ d) $6\frac{3}{8} - \frac{1}{2}$
e) $5\frac{3}{5} - 1\frac{7}{10}$ f) $7\frac{2}{3} - 1\frac{4}{5}$ g) $8\frac{1}{2} - 4\frac{2}{3}$ h) $7\frac{1}{4} - 2\frac{3}{10}$

13. a) $3 - \frac{2}{3}$ b) $11 - 4\frac{2}{3}$ c) $14 - 12\frac{3}{5}$ d) $10 - 9\frac{9}{10}$ e) $\frac{8}{1} - 6\frac{5}{4}$ f) $\frac{10}{2} - 3\frac{7}{6}$

(14.) Subtrahiere die kleinere von der größeren Zahl.
a) $\frac{5}{9}, \frac{7}{15}$ b) $\frac{3}{8}, \frac{3}{4}$ c) $\frac{5}{6}, \frac{3}{4}$ d) $\frac{7}{10}, \frac{3}{5}$ e) $\frac{7}{12}, \frac{5}{6}$ f) $\frac{8}{9}, \frac{5}{12}$

15. *7-Tage-Rennen:* Am Start sind 2 oder mehr Spieler, jeder hat 10 Punkte. Der Spieler, der an der Reihe ist, wirft zuerst eine Münze. Bei „Zahl" zieht er ein Feld weiter geradeaus, bei „Wappen" schräg in die andere Reihe. Dann berechnet er seine Punktzahl durch Addition oder Subtraktion wie im neuen Feld angegeben. Sieger ist, wer im Ziel die meisten Punkte hat.

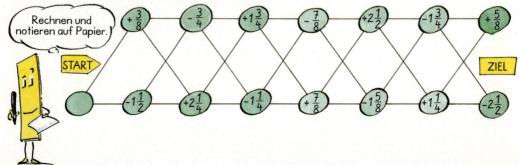

7 Brüche und Dezimalbrüche (3)

16. Verwandle zuerst den Dezimalbruch in einen Bruch.
a) $\frac{2}{3} + 0{,}5$ b) $\frac{5}{6} - 0{,}2$ c) $0{,}7 + \frac{2}{9}$ d) $0{,}8 - \frac{2}{15}$
e) $0{,}5 - \frac{1}{12}$ f) $0{,}2 + \frac{1}{3}$ g) $0{,}25 + \frac{1}{6}$ h) $\frac{7}{12} - 0{,}44$

$\frac{1}{3} + 0{,}3 = \frac{1}{3} + \frac{3}{10}$
$\quad = \ldots$

17. a) $0{,}9 - \frac{5}{6}$ b) $0{,}25 + \frac{1}{6}$ c) $3{,}5 - \frac{1}{3}$ d) $4{,}7 + \frac{4}{9}$ e) $1\frac{2}{3} + 0{,}75$ f) $4\frac{8}{15} - 0{,}40$

18. Verwandle zuerst den Bruch in einen Dezimalbruch.
a) $\frac{1}{2} + 0{,}7$ b) $\frac{3}{4} - 0{,}4$ c) $0{,}8 - \frac{7}{10}$ d) $0{,}7 - \frac{2}{5}$
e) $\frac{1}{4} + 0{,}67$ f) $0{,}83 - \frac{1}{5}$ g) $\frac{9}{10} - 0{,}63$ h) $\frac{3}{5} - 0{,}15$

$\frac{1}{5} + 0{,}4 = 0{,}2 + 0{,}4$
$\quad = \ldots$

19. a) $\frac{37}{100} + 0{,}52$ b) $\frac{83}{100} - 0{,}4$ c) $1\frac{7}{10} - 0{,}3$ d) $3\frac{3}{10} + 0{,}8$ e) $1{,}55 + \frac{1}{2}$ f) $4{,}80 - \frac{3}{4}$

20. Entscheide selbst, ob du mit Brüchen oder mit Dezimalbrüchen rechnest.
a) $\frac{5}{12} + 0{,}75$ b) $1\frac{3}{5} - 0{,}4$ c) $2{,}5 + 1\frac{3}{10}$ d) $1{,}5 - \frac{3}{8}$ e) $2{,}35 + \frac{13}{20}$ f) $1{,}5 - \frac{1}{3}$

21. Karin hat ein Viertel des Kuchens gegessen, Raja ein Drittel. Wie viel bleibt noch für Martin?

22. Lutz und Irene wandern: vormittags drei Fünftel der geplanten Strecke und dann bis zum Nachmittagskaffee ein weiteres Drittel. Wie viel fehlt noch an der ganzen Strecke?

23. Esther gibt drei Achtel ihres Taschengeldes für Comics aus und ein Viertel für Süßigkeiten. Den Rest spart sie, welcher Bruchteil ist das?

24. Bauer Harms bewirtschaftet zwei Drittel seiner Felder selbst. Ein Sechstel hat er verpachtet. Der Rest liegt brach, welcher Bruchteil ist das?

25. In einem magischen Quadrat haben die Zahlen in jeder Zeile, jeder Spalte und in jeder Diagonalen dieselbe Summe. Vervollständige das Quadrat in deinem Heft.

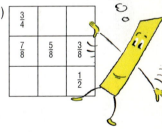

a)
$\frac{1}{3}$		
	$\frac{1}{3}$	
$\frac{1}{2}$		$\frac{1}{3}$

b)
$\frac{2}{3}$	$\frac{1}{3}$	
	$\frac{2}{3}$	
		$\frac{2}{3}$

c)
$\frac{5}{6}$		
	$\frac{2}{3}$	$\frac{2}{3}$
$\frac{1}{2}$	$\frac{1}{2}$	

d)
$\frac{3}{4}$		
$\frac{7}{8}$	$\frac{5}{8}$	$\frac{3}{8}$
		$\frac{1}{2}$

26. Erweitere zuerst so, dass alle drei Brüche gleiche Nenner haben.
a) $\frac{3}{4} + \frac{1}{2} + \frac{5}{8}$ b) $\frac{1}{4} + \frac{5}{6} + \frac{2}{3}$ c) $\frac{3}{10} + \frac{7}{20} - \frac{1}{5}$ d) $\frac{4}{15} + \frac{3}{5} - \frac{2}{3}$ e) $1\frac{4}{5} - \frac{1}{2} + \frac{3}{4}$

27. a) $\frac{3}{10} + \frac{7}{20} - \frac{1}{5}$ b) $\frac{4}{15} + \frac{3}{5} - \frac{2}{3}$ c) $\frac{3}{20} + \frac{7}{100} + \frac{3}{10}$ d) $1\frac{4}{5} - \frac{1}{2} + \frac{3}{4}$

 28.

7 Brüche und Dezimalbrüche (3)

Rund ums Glücksrad

Einsatz 0,50 € pro Spiel

1 Hauptpreis 1,00 €

2, 3, Trostpreise
5, 7 0,50 €

"Habt ihr das Glücksrad schon getestet?"

"Ja, jeder von uns hat 100-mal gedreht."

"Und die Ergebnisse haben wir alle aufgeschrieben."

"Jetzt zählen wir, wie oft die einzelnen Ziffern aufgetreten sind. Zuerst jeder für seine 100 Versuche."

"Und dann fassen wir alles zusammen für die 600 Versuche."

"Was ist eigentlich zu erwarten, wenn das Glücksrad in Ordnung ist?"

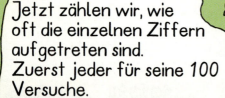

Anna	04894	78165
	45674	12091
	28121	46494
	39237	26409
	44031	11852
	62899	83919
	91173	04467
	09562	69913
	16812	54367
	22138	69276
Beate	19709	93671
	26931	58271
	47319	69337
	64764	32681
	29192	94654
	28738	76199
	65704	18570
	93858	65180
	21614	71214
	43135	94226
Carsten	06460	94813
	49784	40281
	50539	16397
	87515	97569
	80679	79885
	48733	30723
	24048	91413
	88140	55546
	22504	25301
	09969	27511
Daniel	81404	80588
	74193	32203
	41427	16091
	67754	74294
	49900	53159
	62845	20159
	94510	33890
	42380	64570
	24707	85244
	80371	81121
Eva	79147	50318
	70920	78485
	55199	57361
	75151	09946
	12490	38391
	69867	79467
	69438	32447
	35259	55322
	43741	70647
	57352	31314
Fritz	73807	92119
	07167	02007
	97263	39993
	60689	44074
	15587	11106
	19848	33808
	73228	87977
	27839	63173
	02942	79334
	78774	10452

Rund ums Glücksrad
7 Brüche und Dezimalbrüche (3)

Bei Anna kam die Ziffer 1 am häufigsten vor.

Hauptpreis und Trostpreise zusammen ergeben 50% Gewinnchancen.

Klar, 5 von 10 Möglichkeiten.

Also bei 10 Spielen 5-mal gewinnen?

Aber nur ungefähr.

Zählen wir doch bei unseren 600 Versuchen!

Das machen wir besser in Teamarbeit.

Wie viel Geld bleibt nach 100 Spielen in der Klassenkasse?

Genau lässt sich das wohl nicht sagen, sondern nur schätzen, was zu erwarten ist?

Aber wie?

Wir können aber ausrechnen, wie es bei 600 Versuchen wäre!

1.

Ziffer	Anzahl (IIII) Für jedes Vorkommen der Ziffer ein „I"	Anzahl	rel. Häufigkeit = $\dfrac{\text{Anzahl der Vorkommen}}{\text{Gesamtzahl der Versuche}}$
0	IIII I	6	$\dfrac{6}{100} = 0{,}06$
1	IIII IIII IIII	15	
2	IIII IIII II	12	
3	IIII III	8	
4	IIII IIII III	13	
5	IIII	5	
6	IIII IIII II	12	
7	IIII II	7	
8	IIII III	8	
9	IIII IIII IIII	14	
Summe:		100	

2. Die 600 Versuchsergebnisse bestehen aus 60 Zeilen zu je zehn Ziffern. Die „Gewinnziffern" sind 1, 2, 3, 5 und 7. Wie viele dieser Zeilen haben jeweils genau 0 Gewinne, 1 Gewinn, 2 Gewinne, 3 Gewinne, …?

so viele Gewinne	Anzahl der Zeilen (IIII)	Anzahl
0		
1		
2		

3. Rechne aus, wie viel Geld in der Klassenkasse wäre
a) nach den 100 Spielen von Anna, von Beate, von Carsten, …
b) nach allen 600 Spielen?

Einnahme: Anzahl Spiele mal Einsatz
Ausgabe: Anzahl „1" mal Hauptpreis
Anzahl „2, 3, 5, 7" mal Trostpreis

7 Brüche und Dezimalbrüche (3)

1. Zeichne ins Heft, schreibe den neuen Bruch.
   a) Verfeinere: jedes Viertel in 3 Teile
   b) Vergröbere: je drei Neuntel zusammen

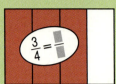
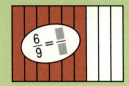

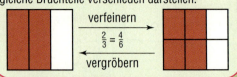

Durch Verfeinern und Vergröbern kann man gleiche Bruchteile verschieden darstellen.

verfeinern $\frac{2}{3} = \frac{4}{6}$ vergröbern

2.

	a)	b)	c)	d)	e)
Bruch	$\frac{1}{3}$	$\frac{3}{5}$	$\frac{3}{4}$	$\frac{2}{3}$	$\frac{4}{5}$
erweitere mit	5	4	2	4	20

Man **erweitert** einen Bruch, indem man Zähler und Nenner mit derselben Zahl multipliziert. Der Wert des Bruches ändert sich nicht.
Beispiel: $\frac{3}{4} = \frac{3 \cdot 3}{4 \cdot 3} = \frac{9}{12}$

Man **kürzt** einen Bruch, indem man Zähler und Nenner durch dieselbe Zahl dividiert. Der Wert des Bruches ändert sich nicht.
Beispiel: $\frac{9}{12} = \frac{9 : 3}{12 : 3} = \frac{3}{4}$

3.

	a)	b)	c)	d)	e)
Bruch	$\frac{8}{20}$	$\frac{6}{15}$	$\frac{20}{50}$	$\frac{25}{45}$	$\frac{28}{35}$
kürze durch	4	3	10	5	7

4. Erweitere oder kürze auf 10, 100, 1000 ... als Nenner und schreibe als Dezimalbruch.
   a) $\frac{2}{5}$ b) $\frac{17}{50}$ c) $\frac{1}{2}$ d) $\frac{1}{4}$ e) $\frac{6}{8}$

Manche Brüche kann man auf 10, 100, ... als Nenner erweitern oder kürzen und dann als Dezimalbruch oder in Prozentschreibweise schreiben.
Beispiel: $\frac{7}{20} = \frac{7 \cdot 5}{20 \cdot 5} = \frac{35}{100} = 0{,}35 = 35\%$

Alle Brüche kann man durch Division „Zähler durch Nenner" in Dezimalbrüche umwandeln und dann auch in Prozentschreibweise notieren.
Beispiel: $\frac{2}{3} = 2 : 3 = 0{,}666... \approx 0{,}67$

$\frac{2}{3} = 2 : 3 \approx 0{,}67 = 67\%$

5. Erweitere oder kürze auf 100 als Nenner und schreibe als Dezimalbruch und in Prozent.
   a) $\frac{1}{4}$ b) $\frac{3}{10}$ c) $\frac{7}{20}$ d) $\frac{12}{25}$ e) $\frac{33}{50}$

6. Dividiere Zähler durch Nenner und schreibe als Dezimalbruch, runde auf 2 Nachkommastellen. Schreibe auch in Prozent.
   a) $\frac{1}{3}$ b) $\frac{5}{6}$ c) $\frac{4}{9}$ d) $\frac{7}{8}$ e) $\frac{4}{7}$

7. Erweitere oder kürze auf denselben Nenner und vergleiche: < oder >.
   a) $\frac{3}{4}$ ■ $\frac{5}{8}$ b) $\frac{2}{3}$ ■ $\frac{4}{12}$ c) $\frac{2}{3}$ ■ $\frac{3}{4}$
   d) $\frac{6}{10}$ ■ $\frac{4}{5}$ e) $\frac{3}{5}$ ■ $\frac{5}{6}$ f) $\frac{5}{8}$ ■ $\frac{4}{6}$

Zwei Brüche vergleicht man hinsichtlich ihrer Größe so:
① Man erweitert sie auf gleiche Nenner.
② Man vergleicht die neuen Zähler.
Beispiel: Vergleiche $\frac{1}{3}$ und $\frac{2}{5}$.
$\frac{1}{3} = \frac{5}{15}$
$\frac{2}{5} = \frac{6}{15}$ also: $\frac{1}{3} < \frac{2}{5}$

8. Was wäre dir lieber, $\frac{3}{10}$ oder $\frac{2}{5}$ eines Lottogewinns?

9. a) $\frac{1}{2} + \frac{1}{3}$ b) $\frac{1}{3} + \frac{3}{5}$ c) $\frac{3}{4} + \frac{1}{3}$

10. a) $\frac{5}{8} - \frac{1}{4}$ b) $\frac{2}{3} - \frac{1}{6}$ c) $\frac{7}{10} - \frac{3}{5}$

11. a) $\frac{3}{4} + \frac{1}{6}$ b) $\frac{1}{2} - \frac{1}{5}$ c) $\frac{3}{4} - \frac{3}{10}$
    d) $\frac{7}{8} - \frac{1}{6}$ e) $\frac{4}{5} + \frac{1}{10}$ f) $\frac{1}{4} + \frac{1}{3}$

Brüche mit verschiedenen Nennern werden vor dem Addieren oder Subtrahieren zuerst so erweitert, dass sie gleiche Nenner haben.
Beispiele:
$\frac{3}{4} + \frac{2}{5} = \frac{15}{20} + \frac{8}{20} = \frac{23}{20} = 1\frac{3}{20}$
$\frac{5}{6} - \frac{1}{3} = \frac{5}{6} - \frac{2}{6} = \frac{3}{6} = \frac{1}{2}$

7 Brüche und Dezimalbrüche (3)

Testen, Üben, Vergleichen

1. Welche beiden Brüche beschreiben den Vorgang (erweitern/kürzen)?
   a) Die Hälfte einer Pizza ist noch übrig, sie wird in drei gleiche Stücke zerschnitten.
   b) Drei Viertel einer Pizza sind übrig, jedes Viertelstück wird in zwei Stücke zerteilt.
   c) Von 12 Flaschen Saft sind 9 übrig. Je drei werden in einen Krug gegossen.
   d) Von 10 Flaschen Saft sind 4 übrig. Je zwei werden in einen Krug gegossen.

2. Erweitere und kürze auf den angegebenen Nenner.
   a) $\frac{2}{3} = \frac{\square}{9}$ b) $\frac{3}{5} = \frac{\square}{20}$ c) $\frac{12}{16} = \frac{\square}{4}$ d) $\frac{25}{40} = \frac{\square}{8}$ e) $\frac{17}{20} = \frac{\square}{100}$ f) $\frac{16}{20} = \frac{\square}{5}$

3. Kürze so weit wie möglich.
   a) $\frac{8}{12}$ b) $\frac{16}{20}$ c) $\frac{6}{15}$ d) $\frac{22}{44}$ e) $\frac{75}{100}$ f) $\frac{4}{6}$ g) $2\frac{6}{10}$ h) $1\frac{8}{20}$

4. Erweitere oder kürze auf den Nenner 100, notiere dann als Dezimalbruch und in Prozentschreibweise.
   a) $\frac{13}{20}$ b) $\frac{4}{25}$ c) $\frac{7}{10}$ d) $\frac{35}{50}$ e) $\frac{1}{4}$ f) $\frac{3}{5}$ g) $\frac{30}{40}$ h) $\frac{800}{1000}$

5. Dividiere Zähler durch Nenner und schreibe als Dezimalbruch, gerundet auf 2 Nachkommastellen.
   a) $\frac{2}{3}$ b) $\frac{5}{12}$ c) $\frac{6}{7}$ d) $\frac{8}{11}$ e) $\frac{5}{6}$ f) $\frac{7}{9}$ g) $\frac{5}{8}$ h) $\frac{13}{15}$

6. Schreibe als Bruch und kürze so weit wie möglich.
   a) 0,4 b) 0,55 c) 0,80 d) 0,32 e) 15% f) 60% g) 10% h) 75%

7. Stell dir vor, du hast großen Appetit: Was ist dir lieber?
   a) 3 Eiskugeln oder 4 Eiskugeln?   b) $\frac{1}{3}$ Pizza oder $\frac{1}{4}$ Pizza?

8. Vergleiche (< oder >), ohne die Brüche vorher zu verändern.
   a) $\frac{1}{5} \square \frac{1}{7}$ b) $\frac{1}{6} \square \frac{1}{4}$ c) $\frac{7}{10} \square \frac{7}{5}$ d) $\frac{7}{9} \square \frac{7}{8}$ e) $\frac{2}{3} \square \frac{2}{5}$ f) $\frac{3}{10} \square \frac{3}{7}$

9. Vergleiche (< oder >), indem du beide Brüche mit $\frac{1}{2}$ vergleichst.
   a) $\frac{3}{5} \square \frac{4}{9}$ b) $\frac{3}{7} \square \frac{5}{8}$ c) $\frac{7}{10} \square \frac{3}{8}$ d) $\frac{3}{4} \square \frac{2}{5}$ e) $\frac{5}{12} \square \frac{8}{15}$ f) $\frac{4}{7} \square \frac{5}{11}$

10. Vergleiche (< oder >), indem du beide Brüche auf denselben Nenner erweiterst oder kürzt.
    a) $\frac{3}{5} \square \frac{4}{7}$ b) $\frac{1}{4} \square \frac{3}{10}$ c) $\frac{4}{5} \square \frac{7}{9}$ d) $\frac{7}{12} \square \frac{3}{5}$ e) $\frac{8}{11} \square \frac{9}{22}$ f) $\frac{4}{16} \square \frac{15}{20}$

11. Erweitere zuerst auf den gleichen Nenner und rechne dann.
    a) $\frac{3}{8} + \frac{1}{4}$ b) $\frac{7}{10} - \frac{2}{5}$ c) $\frac{5}{6} - \frac{1}{3}$ d) $\frac{9}{10} + \frac{3}{20}$ e) $\frac{1}{6} + \frac{5}{12}$ f) $\frac{15}{20} - \frac{3}{10}$

12. a) $\frac{1}{2} + \frac{1}{3}$ b) $\frac{3}{4} + \frac{1}{3}$ c) $\frac{3}{5} - \frac{1}{3}$ d) $\frac{4}{5} - \frac{1}{2}$ e) $\frac{2}{3} + \frac{3}{5}$ f) $\frac{7}{8} - \frac{2}{3}$

13. Auch bei gemischter Schreibweise musst du erst erweitern.
    a) $1\frac{1}{2} + \frac{3}{4}$ b) $2\frac{3}{4} - \frac{2}{8}$ c) $3\frac{5}{6} - \frac{1}{3}$ d) $4\frac{1}{4} + 1\frac{3}{8}$ e) $2\frac{7}{8} - 1\frac{1}{4}$ f) $4\frac{1}{5} + 1\frac{3}{10}$

14. a) Günther denkt sich eine Zahl, addiert $2\frac{1}{4}$ und erhält $4\frac{5}{8}$ als Ergebnis.
    b) Heike denkt sich eine Zahl, subtrahiert $\frac{3}{5}$ und erhält $2\frac{1}{2}$ als Ergebnis.

8 Flächeninhalt und Volumen

8 Flächeninhalt und Volumen

Flächeninhalt des Rechtecks

 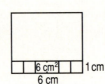 

Flächeninhalt des Rechtecks	**Flächeninhalt des Quadrats**
$A = a \cdot b$ Beispiel: $a = 4$ cm, $b = 3$ cm $A = 4\text{ cm} \cdot 3\text{ cm} = 12\text{ cm}^2$	$A = a \cdot a$ Beispiel: $a = 3$ cm $A = 3\text{ cm} \cdot 3\text{ cm} = 9\text{ cm}^2$

Aufgaben

1. Berechne den Flächeninhalt des Rechtecks.

   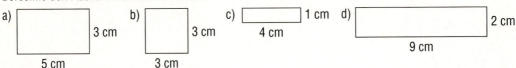

   a) 5 cm, 3 cm   b) 3 cm, 3 cm   c) 4 cm, 1 cm   d) 9 cm, 2 cm

2. Berechne den Flächeninhalt des Rechtecks.

   a) $a = 6$ cm, $b = 4$ cm   b) $a = 8$ cm, $b = 5$ cm   c) $a = 12$ cm, $b = 7$ cm   d) $a = 15$ cm, $b = 5$ cm

3. Berechne den Flächeninhalt des Quadrats.

   a) $a = 4$ cm   b) $a = 9$ cm   c) $a = 12$ cm   d) $a = 15$ cm   e) $a = 10$ cm   f) $a = 20$ cm

4. Gib die Größe der rechteckigen Wandfläche in m² an.

   a) Breite 5 m, Höhe 7 m   b) Breite 11 m, Höhe 8 m   c) Breite 9 m, Höhe 12 m

5. Bestimme die fehlende Seitenlänge des Rechtecks.

   a) $A = 12\text{ cm}^2$, $a = 4$ cm   b) $A = 21\text{ cm}^2$, $b = 3$ cm   c) $A = 16\text{ cm}^2$, $a = 4$ cm

6. a) Ein Rechteck hat den Flächeninhalt $A = 56\text{ cm}^2$. Eine Seite ist 7 cm lang. Wie lang ist die andere?

   b) Ein Quadrat hat den Flächeninhalt $A = 36\text{ m}^2$. Wie lang sind die Seiten?

7. Julias Papierdeckchen ist 64 cm² groß. Wie lang und wie breit kann es sein?

8.

	a)	b)	c)	d)	e)	f)
Länge	4 cm	7 cm	14 m			7 cm
Breite	12 cm	15 cm		35 cm	8 m	
Flächeninhalt			84 m²	210 cm²	96 m²	49 cm²

Umfang des Rechtecks

Umfang des Rechtecks: Summe aller Seitenlängen

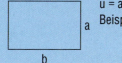

$u = a + b + a + b = 2 \cdot a + 2 \cdot b$
Beispiel: $a = 4$ cm, $b = 5$ cm
$u = 2 \cdot 4$ cm $+ 2 \cdot 5$ cm
$u = 18$ cm

Quadrat

$u = a + a + a + a = 4 \cdot a$
Beispiel: $a = 3$ cm
$u = 4 \cdot 3$ cm
$u = 12$ cm

Aufgaben

1. Berechne den Umfang des Rechtecks.

   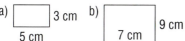

   a) 5 cm, 3 cm   b) 7 cm, 9 cm   c) 12 cm, 8 cm   d) 16,5 cm, 9,5 cm

2. Berechne den Umfang des Rechtecks.
   a) a = 6 cm, b = 9 cm   b) a = 13 cm, b = 16 cm   c) a = 4,5 cm, b = 6,8 cm   d) a = 1,25 m, b = 2,15 m

3. Gib den Umfang des Quadrats in Meter an.   a) 50 cm   b) 75 cm   c) 1,25 m   d) 0,75 m   e) 2,30 m

4. Zwei rechteckige Bilder müssen neu umleimt werden. Das erste Bild ist 85 cm lang und 54 cm breit, das zweite 70 cm lang und 45 cm breit. Wie viel Zentimeter Umleimer braucht man? Wie viel Meter sind das?

5. Drei gleiche rechteckige Patchworkkissen sollen noch mit Satinband umfasst werden. Die Länge eines Kissens ist 65 cm, die Breite ist 40 cm. Wie viel Band muss man für die drei Kissen zusammen kaufen?

6. Berechne den Umfang und den Flächeninhalt des Rechtecks. Beachte die Maßeinheiten.

	a)	b)	c)	d)	e)
Länge	8 cm	10 m	12 mm	30 cm	11 m
Breite	6 cm	22 m	9 mm	25 cm	20 m

7. Für ihren rechteckigen Esszimmertisch kauft Frau Fischer eine Tischdecke, die rundum 30 cm überhängt.
   Der Tisch hat die Länge 2 m und die Breite 120 cm.
   a) Berechne den Umfang der Tischdecke.
   b) Bestimme den Flächeninhalt der Tischplatte und der Tischdecke.
   c) Die Tischdecke kostet 20 € je m². Zahlt Frau Fischer mehr oder weniger als 100 €?

8 Flächeninhalt und Volumen

Rechnen mit verschiedenen Maßeinheiten

1 cm² = 100 mm²
1 dm² = 100 cm² = 10 000 mm²
1 m² = 100 dm² = 10 000 cm² = 1 000 000 mm²

1 a = 100 m²
1 ha = 100 a = 10 000 m²
1 km² = 100 ha = 10 000 a = 1 000 000 m²

Aufgaben

1. Gib die Größe des rechteckigen Schrebergartens in m² an. Ist er größer als 1 a?
   a) Länge: 7 m, Breite 14 m   b) Länge: 8 m, Breite 12 m   c) Länge: 9 m, Breite 12 m

2. Berechne die Fläche eines Platzes mit der Länge 65 m und der Breite 80 m. Gib in m² und in a an.

3. Wie viel m Zaun benötigt man, um die einzelnen Flächen in Aufgabe 1 und 2 einzuzäunen?

4. Die Gemeinde Kaltwinkel kauft für den Bau einer Sportanlage neben der Schule ein rechteckiges Gelände mit 250 m Länge und 50 m Breite.
   a) Berechne den Flächeninhalt dieses Geländes in Ar. Ist die Fläche größer als zwei Hektar?
   b) Pro Quadratmeter muss die Gemeinde 28 € zahlen.
   c) Wie viel m Zaun müssen gekauft werden, wenn die Sportanlage ringsum eingezäunt werden soll?

5. Der Schulhof einer Hauptschule soll verschönert werden. Der Gärtner legt eine rechteckige Fläche von 28 m Länge und 16 m Breite mit Rasen an.
   a) Wie viel m² ist die Rasenfläche groß?
   b) Ist die Fläche größer als 4 Ar?
   c) Der Gärtner berechnet 7,90 € für 1 m².

6. Die rechteckige Glasplatte eines Bilderrahmens ist 14 cm lang und 10 cm breit. Es müssen vier neue Glasplatten zugeschnitten werden.
   a) Wie viel cm² Glas benötigt man insgesamt?
   b) Wie viel m Holz braucht man für vier Rähmchen?

7. Sabrina näht eine Patchworkdecke. Die rechteckigen Musterflächen sind 25 cm lang und 20 cm breit.
   a) Sie näht 20 Musterflächen aneinander. Wie groß ist die Fläche in cm², wie groß in dm²?
   b) Ringsum näht sie ein Band an. Wie viel m benötigt sie dafür?

8. Eine Sämaschine ist 6 m breit. Bauer Eberz sät damit ein Weizenfeld, das 280 m lang ist. Er fährt 12-mal hin und her. Wie viel m² hat er eingesät? Wie viel Ar, wie viel Hektar sind es gerundet?

9. Für ein rechteckiges Weizenfeld mit 180 m Länge und 85 m Breite werden pro Ar 3 kg Dünger benötigt.
   a) Berechne die Fläche des Feldes in m² und in a.
   b) Wie viel Dünger muss besorgt werden? Reicht eine halbe Tonne (1 t = 1 000 kg) aus?

Eine Hütte für Meerschweinchen

8 Flächeninhalt und Volumen

Eine Hütte für Meerschweinchen

Martin plant eine Holzhütte für sein Meerschweinchen.
Lies die Aufgaben genau durch.
Übertrage den „Material- und Kostenplan" in dein Heft und fülle ihn aus.

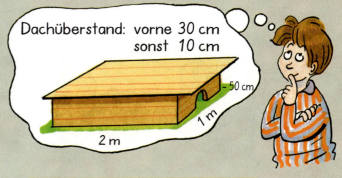

Dachüberstand: vorne 30 cm
sonst 10 cm
50 cm
1 m
2 m

1. Für alle Kanten (ohne Dach) kauft Martin Kanthölzer. Die Hütte soll 50 cm hoch werden. Er hat die Wahl zwischen 3 m oder 4 m langen Kanthölzern. Der laufende Meter kostet 3,95 €.

2. Wände und Dach sollen aus Kiefernholz gebaut werden. Martin bekommt die Bretter passend zugeschnitten und muss pro Quadratmeter 7,95 € bezahlen.

3. Auf einer Rolle Dachpappe, die 1 m breit ist, sind insgesamt 10 Meter. Die Rolle kostet 6,95 €.

4. Ringsum möchte Martin eine Dachrinne befestigen. Er kann nur ganze Meter kaufen (Preis pro Meter: 5,65 €).

5. Für eine Ecke lässt Martin ein Fallrohr zuschneiden. Ein Meter kostet 3,30 €; kürzere Stücke entsprechend weniger.

Material- und Kostenplan

	Größe	Preis
0. Säubern und ebnen	des Bodens	viel Schweiß
1. Kanthölzer		
2. Holz für Wände		
Holz für Dach		
3. Dachpappe		
4. Dachrinne		
5. Fallrohr		
Kleinteile		5,– €
Gesamtpreis:		

8 Flächeninhalt und Volumen

Volumen messen und vergleichen

> Von zwei Körpern hat derjenige das größere Volumen, in den beim vollständigen Ausfüllen mehr gleich große Maßkörper hineinpassen.

Aufgaben

1. Welcher Körper hat das größere Volumen? Zähle ab und vergleiche.

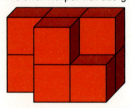 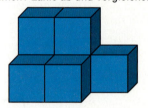 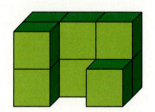

2. Welcher Turm hat das kleinste, welcher das größte Volumen? Ordne, dann erhältst du ein Lösungswort.

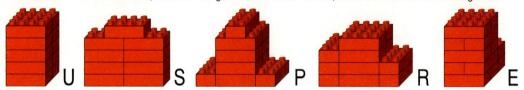

    U   S   P   R   E

3. Auch diese Körper kannst du vergleichen. Ordne der Größe nach.

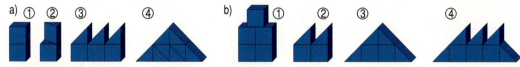

4. Welche Gegenstände würdest du mit welchen Maßkörpern ausmessen?

Volumen von Quadern

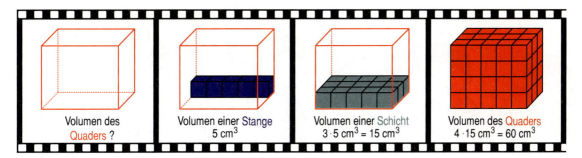

 Volumen des Quaders: V = Volumen einer Schicht mal Anzahl der Schichten

Aufgaben

1. Wie viele Würfel passen in eine Schicht, wie viele in die ganze Schachtel?

2. In Sandras Kiste passen zwanzig Würfel auf den Boden. Sie packt vier Schichten aufeinander.

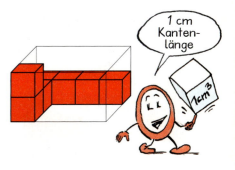

3. Wie groß ist das Volumen des Quaders?
   a) In jeder der 6 Schichten sind 30 cm³.
   b) Es sind 5 Schichten zu je 18 cm³.
   c) In jeder der 7 Schichten sind 4 Stangen. Jede Stange ist 5 cm³ groß.

4. Bestimme das Volumen der abgebildeten Kisten in cm³. Die Markierungen geben an, wie viel Zentimeter die Kiste lang, breit und hoch ist.

   a) 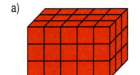 b)   c) 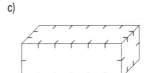 d)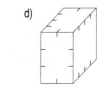

5. Bestimme das Volumen des abgebildeten Quaders.

   a)  b) 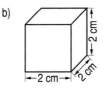 c)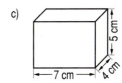

6. Rolf baut eine würfelförmige Kiste mit der Kantenlänge 10 cm. Wie viele Kubikzentimeter passen hinein?

7. a) Auf der Palette hat jeder Zementsack ein Gewicht von 25 kg. Wie schwer sind alle Säcke zusammen?
   b) Die Säcke sind 45 cm lang, 30 cm breit, 10 cm hoch und ungefähr quaderförmig. Wie groß ist das Volumen eines Sackes?

8 Flächeninhalt und Volumen

Oberfläche und Volumen von Quadern

Oberfläche des Quaders

O = Summe der Flächeninhalte aller 6 Flächen

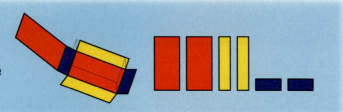

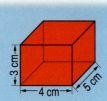

Rechnung: 4 cm · 5 cm = 20 cm²   2 · 20 cm² = 40 cm²
             3 cm · 5 cm = 15 cm²   2 · 15 cm² = 30 cm²
             4 cm · 3 cm = 12 cm²   2 · 12 cm² = 24 cm²
                                           Summe: 94 cm²

Der Quader hat eine Oberfläche von 94 cm².

Aufgaben

1. Welche Oberfläche hat der Quader?

   a) 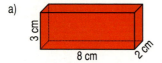   b) 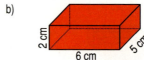   c)

2. Ein Quader ist 6 cm lang, 10 cm breit und 2 cm hoch. Berechne seine Oberfläche.

3. Berechne die Oberfläche des Quaders mit den Kantenlängen

   a) 10 cm, 4 cm und 6 cm;   b) 15 cm, 5 cm und 20 cm;   c) 30 cm, 50 cm und 20 cm.

4. Berechne für jeden Quader a) die Oberfläche, b) das Volumen.
   Wenn du die Volumina der Größe nach ordnest, erhältst du ein Lösungswort.

	(1)	(2)	(3)	(4)	(5)	(6)	(7)	(8)	(9)
Länge	7 cm	5 cm	8 cm	2 cm	30 cm	10 cm	11 cm	8 cm	14 cm
Breite	2 cm	7 cm	8 cm	3 cm	35 cm	2 cm	11 cm	2 cm	10 cm
Höhe	5 cm	5 cm	8 cm	4 cm	50 cm	3 cm	5 cm	1 cm	8 cm

H   E   N   E   S   C   A   R   S

8 Flächeninhalt und Volumen

5. Ein Forscher transportiert seine Funde in Holzkisten (20 cm, 30 cm, 15 cm). Wie viel m² Holz werden für 12 Kisten mit Deckel benötigt?

6. Eine Baugrube ist 12 m lang, 9 m breit und 5 m tief. Wie viel m³ Erde wurden ausgehoben?

7. Eine Mauer ist 35 m lang, 2 m hoch und 0,20 m dick. Welches Volumen hat sie?

8. Eine Weitsprunggrube ist 8 m lang und 3 m breit. Sie soll $\frac{1}{2}$ m tief ausgehoben werden.

9. Ein quaderförmiger Sockel aus Marmor soll geschliffen werden. Wie groß ist die zu schleifende Fläche, wenn die Standfläche roh, d.h. ungeschliffen bleibt? Maße: Länge 60 cm, Breite 40 cm, Höhe 1 m.

10. Die Wände und die Decke eines Klassenzimmers sollen gestrichen werden. Das Zimmer ist 9 m lang, 6 m breit und 3 m hoch. Für Türen und Fenster werden 24 m² nicht gestrichen.

11. Eine Lagerhalle ist 30 m lang, 10 m breit und 4,50 m hoch. Stimmt Daniels Rechnung?

12. Eine $\frac{1}{2}$ dm dicke Bodenplatte mit einer Länge von 12 m und einer Breite von 10 m soll aus Beton gegossen werden.
a) Wie viel m³ Beton werden gebraucht?
b) Ein Betonmischer liefert den Beton. Wie oft muss er fahren, wenn er bei jeder Lieferung 6 m³ bringen kann?

13. Ein Schwimmbecken (Länge 25 m, Breite 15 m, Tiefe 3 m) wird gefliest.
a) Wie viel m² Fliesen werden gebraucht?
b) Wie viel kosten die Fliesen, wenn ein Quadratmeter 19,90 € kostet?

14. Die Körper sind aus Quadern zusammengesetzt. Bestimme das Volumen der einzelnen Quader, dann das Volumen des gesamten Körpers.

a) 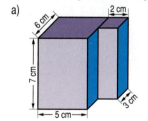 b) 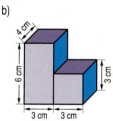 c) 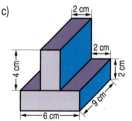 d)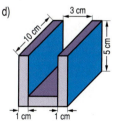

15. Aus wie vielen Flächen besteht jeweils die Oberfläche der Körper aus Aufgabe 14 a) bis d)? Berechne für jeden Körper die einzelnen Flächen, dann die gesamte Oberfläche.

16. Dieser Quader hat ein Volumen von 24 cm³. Seine Kantenlängen sind a = 4 cm, b = 3 cm, c = 2 cm. Suche noch drei Quader mit demselben Volumen. Berechne von jedem auch die Oberfläche.

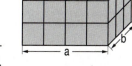

17. Gib von drei Quadern Länge, Breite und Höhe so an, dass sie das genannte Volumen V haben. Berechne die Oberflächen der drei Quader.
a) V = 36 cm³   b) V = 20 cm³   c) V = 64 cm³   d) V = 72 cm³

8 Flächeninhalt und Volumen

Volumenmaße

1 cm³ = 1000 mm³   1 dm³ = 1000 cm³   1 dm³ = 1 *l*

Aufgaben

1. Ordne die Gegenstände der Größe nach. Gib an, in welcher Maßeinheit du ihr Volumen messen würdest:
   Trinkglas   Aquarium   Stecknadelkopf   Spielwürfel   Schuhkarton   Streichholzschachtel

2. Wie viel dm³ sind es?   a) 4 000 cm³   b) 15 000 cm³   c) 40 000 cm³   d) 120 000 cm³   e) 1 Mio. cm³

3. Wie viel cm³ sind es?   a) 2 000 mm³   b) 23 000 mm³   c) 88 000 mm³   d) 1 000 000 mm³   e) 2 Mio. mm³

4. Wandle in die nächstgrößere Einheit um: a) 5 000 mm³   b) 68 000 cm³   c) 79 000 mm³   d) 300 000 mm³

5. Wandle in die nächstkleinere Einheit um: a) 60 dm³   b) 5 cm³   c) 36 cm³   d) 784 cm³   e) 57 dm³   f) 530 cm³

6. Schreibe mit Komma in der nächstgrößeren Maßeinheit.
   a) 8 700 mm³   9 400 mm³   1 300 mm³   600 mm³
   b) 7 052 cm³   15 006 cm³   46 800 cm³   24 0711 cm³

dm³	cm³	mm³	Kommaschreibweise
	5	800	5,8 cm³
	30	056	30,056 cm³
7	090	000	7,09 dm³
16	800	000	16,8 dm³

Nicht alle Null darf man weglassen.

7. Schreibe ohne Komma in der nächstkleineren Maßeinheit.
   a) 4,031 dm³   6,800 dm³   20,570 dm³   57,222 dm³
   b) 63,756 cm³   342,700 cm³   471,800 cm³   0,05 cm³

8. a) Ein Würfel hat die Kantenlänge 2 cm. Wie viele Kubikmillimeterwürfel passen hinein?
   b) Ein Würfel hat die Kantenlänge 15 cm. Gib sein Volumen in dm³ an.

9. Ordne zu: Jeweils 2 Größen bezeichnen denselben Rauminhalt.

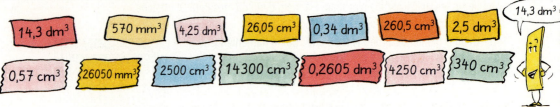

10. Ein quaderförmiger Behälter ist 90 cm lang, 40 cm breit und 35 cm hoch.
    a) Berechne sein Volumen in cm³ und dm³.   b) Reichen zehn 10-*l*-Eimer, um ihn zu füllen?

Kubikmeter

Große Volumina misst man häufig in Kubikmeter (m³).
Ein Würfel mit der Kantenlänge 1 m hat ein Volumen von 1 m³.
1 m³ = 1000 dm³ = 1000 l

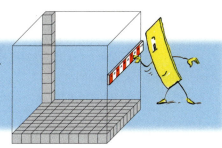

Aufgaben

1. Ordne der Größe nach und gib an, in welcher Maßeinheit du das Volumen jeweils messen würdest.
   Klassenzimmer   Wassereimer   Kofferraum   Schrank   Badewanne   Mülltonne

2. Wie viel m³ sind es?
   a) 2 000 dm³   b) 47 000 dm³   c) 36 418 dm³   d) 3 800 dm³
      5 000 dm³   68 000 dm³   5 800 dm³   430 dm³

   5 m³ = 5 000 dm³ = 5 000 l

3. Gib in dm³ an.
   a) 4 m³   b) 11 m³   c) 69 m³   d) 2,043 m³   e) 0,400 m³   f) 5,873 m³   g) 0,510 m³

4. Gib in l an.
   a) $\frac{1}{2}$ m³   b) $1\frac{1}{2}$ m³   c) $7\frac{1}{2}$ m³   d) $\frac{1}{5}$ m³   e) $\frac{3}{10}$ m³
      $\frac{1}{4}$ m³ $1\frac{3}{4}$ m³ $15\frac{1}{4}$ m³ $\frac{2}{5}$ m³ $3\frac{7}{10}$ m³

   z. B.: $2\frac{3}{5}$ m³ = 2 · 1000 l + $\frac{3}{5}$ von 1000 l
          = 2000 l + 600 l
          = 2600 l

5. a) Wie viele 10-l-Eimer haben zusammen ein Volumen von 1 m³?
   b) Wie viele 100-l-Fässer haben zusammen ein Volumen von 5 m³?

6. Ein Schwimmbecken ist 30 m breit, 50 m lang und 2 m tief. Wie viel m³ Wasser fasst es?

7. Eine Baugrube hat eine Länge von 100 m, eine Breite von 60 m und eine Tiefe von 3,50 m. Wie viel m³ Erdreich mussten ausgebaggert werden?

8. Ein Tankwagen fasst 14 m³ Öl.
   a) Wie viele 10-l-Eimer könnte man damit füllen?
   b) Wie viele 2 000-l-Tanks kann man damit füllen?

9. a) Ein Betonmischer fasst 120 l. Wie viel dm³ (m³) sind das?
   b) Eine Bodenplatte soll gegossen werden. Sie ist 4 m lang, 3 m breit und 0,25 m dick.
      Wie viel m³ Beton müssen gemischt werden?
   c) Wie viele Mischerfüllungen sind das?

   Achte auf gleiche Maßeinheiten.

10. Ein Planschbecken mit Stahlrahmenkonstruktion hat die Aufschrift L 2 m, B 1,60 m, H 50 cm.
    Wie viel m³ Wasser werden für eine Füllung benötigt? Wie viel Liter sind das?

11. Wie viel Erde ist in einem Loch von 4,55 m Länge, 3,10 m Breite und 99 cm Tiefe?

Vermischte Aufgaben

1. Schreibe mit Dezimalzahlen in der nächstgrößeren Einheit.
   a) 480 cm³   b) 12 cm³   c) 7 600 mm³   d) 6 cm³   e) 12 300 mm³

2. Schreibe mit Dezimalzahlen in m³.
   a) 67 dm³   b) 2 008 dm³   c) 4 500 cm³   d) 340 000 cm³   e) 500 000 cm³

3. Berechne die Rauminhalte der Postpakete in dm³.

   (1) 30 cm · 50 cm · 20 cm
   (2) 25 cm · 40 cm · 15 cm
   (3) 25 cm · 35 cm · 12 cm
   (4) 17,5 cm · 25 cm · 10 cm

4. Ein Wandtresor hat folgende Außenmaße: 420 mm lang, 426 mm breit und 360 mm tief. Wie viel dm³ Mauerwerk müssen mindestens entfernt werden?

5. Frau Sinder kauft einen Unterschrank für ein Waschbecken. Seine Innenmaße: 60 cm lang, 53 cm breit und 33 cm tief. Wie viel zusätzlichen Stauraum erhält sie? Gib in cm³ und dm³ an.

6. Berechne das Volumen eines Bettkastens mit den Maßen 60 cm lang, 20 cm breit und 61 cm hoch. Ist das Volumen größer als 1 m³?

7. Eine Box ist 20 cm lang, 14 cm breit und 4 cm hoch. Berechne ihren Rauminhalt in cm³.

8. Eine Schachtel hat eine quadratische Grundfläche mit der Seitenlänge 12 cm. Sie ist 6 cm hoch. Berechne ihren Rauminhalt. Vergleiche mit einem Kubikdezimeter.

9. Zum Auffüllen des Gartens werden Herrn Miksch 4 m³ Mutterboden angeliefert. Er muss diese nun mit der Schubkarre verteilen. Bei einer Ladung transportiert er 80 dm³.

10. Rainer und Dieter haben einen Fischteich gebaut, der von Bergwasser gespeist wird. Die Maße kannst du dem Bild entnehmen. Wie viel Kubikmeter Wasser können höchstens im Fischteich sein?

    (Maße: 1,50 m · 3 m · 4 m · 2 m)

11. Ein Pkw hat ein Kofferraumvolumen von 450 l. Herr Simon möchte 20 Zementsäcke einladen, von denen jeder 25 kg schwer ist. Ein Zementsack ist 60 cm lang, 40 cm breit und 12 cm hoch.
    a) Berechne das Volumen eines Sackes.
    b) Berechne das Volumen aller 20 Säcke zusammen.
    c) Kann Herr Simon alle Säcke auf einmal transportieren?

12. Ein rechteckiger Teich ist 35 m lang und 18 m breit. Die tiefste Stelle ist 2 m, die flachste $\frac{1}{2}$ m tief.
    a) Wie viel m³ Wasser sind höchstens, wie viel mindestens im Teich? Runde auf m³.
    b) Im Teich sind 1000 m³. Wie tief ist dann der Teich durchschnittlich? Runde auf Zentimeter.

Liter, Milliliter und Hektoliter

 Bei Flüssigkeiten wird das Volumen häufig in Liter (l) angegeben. $1\,l = 1\,dm^3 = 1000\,cm^3$
Sehr kleine Mengen gibt man in Milliliter (ml), $\quad 1\,ml = 1\,cm^3 \quad 1\,l = 1000\,ml$
große Mengen in Hektoliter (hl) an. $\quad 1\,hl = 100\,l$

Aufgaben

1. Gib in l an.

   a) 2 000 ml b) 24 000 ml c) 3 000 cm³ d) 7 dm³ e) 500 ml
      7 000 ml   58 000 ml   69 000 cm³   35 dm³   0,5 dm³

2. Was ist gleich? Schreibe im Heft mit Gleichheitszeichen, z.B. $0{,}500\,l = 500\,ml$.

   a)
0,125 l	125 ml	500 ml
7 l	0,7 l	700 ml	250 ml
$\frac{1}{4} l$	$\frac{1}{2} l$	7000 ml

   b)
27 l	4 l	3 cm³	1 cm³
1 ml	3 ml	1,2 ml	4 dm³
27 ml	27 dm³	27 cm³	1,2 cm³

3. Gib den Inhalt in ml und in cm³ an.

4. Gib den Inhalt in l und in dm³ an.

5. Jeweils zwei Größen bezeichnen die gleiche Menge Flüssigkeit.

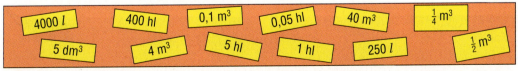

6. Eine Wanne fasst 2,5 hl Wasser. Sie soll mit einer 15-l-Gießkanne gefüllt werden. Wie viele Gänge zur Wasserleitung sind nötig?

Ein Aquarium für den Klassenraum

8 Flächeninhalt und Volumen

Ein Aquarium für den Klassenraum

Die 30 Schülerinnen und Schüler der Klasse 6b möchten ein Aquarium einrichten, das ihnen Bennos Großvater geschenkt hat. Sie planen und rechnen.
Nach Erstellung eines Kostenplans soll jedes Kind gleich viel bezahlen.

$1\,l = 1\,dm^3 = 1\,000\,cm^3$

1. Nachdem das Aquarium gereinigt ist, schütten die Schülerinnen und Schüler je 4 cm hoch Nährboden und Kies im Aquarium auf. Ein 1-*l*-Beutel Nährboden kostet 1,79 €, ein 1-*l*-Beutel Kies kostet 1,49 €. Wie viel Nährboden und wie viel Kies brauchen sie? Was müssen sie dafür bezahlen?

2. Das Aquarium soll passgenau auf eine Holzunterlage gestellt werden, damit die Tischoberfläche, auf der das Aquarium in Zukunft stehen soll, nicht zerkratzt. Wie groß muss die Fläche der Holzunterlage sein?

3. Bennos Großvater empfiehlt, auf 10 dm² Bodenfläche 2 Wasserpflanzen zu setzen. Wie viele Wasserpflanzen werden insgesamt benötigt?

4.

*** Pflanzen ***	
Tausendblatt	0,50 €
Wasserpest	0,48 €
Vallisnerie	0,38 €
Schwertpflanze	0,60 €
Wasserkelch	0,55 €
Wassersalat	0,65 €

Die Schüler entscheiden, höchstens zwei Pflanzen von einer Sorte zu kaufen. Dabei wollen sie so wenig wie möglich ausgeben. Für welche Wasserpflanzen entscheiden sie sich und was muss insgesamt für die Bepflanzung des Aquariums bezahlt werden?
Lege im Heft eine Tabelle an.

Wasserpflanzen			
Anzahl	Name	Einzelpreis	Gesamtpreis
			Summe ____

WASSERPEST!!

Ein Aquarium für den Klassenraum
8 Flächeninhalt und Volumen

5. Nachdem das Aquarium 8 cm mit Nährboden und Kies aufgefüllt ist, schütten die Schüler vorsichtig mit einem Eimer, der 5 *l* fasst kann, das Aquarium bis 5 cm unter den Rand mit Wasser voll.
Wie oft muss der 5-*l*-Eimer gefüllt werden?

6. Die Schüler wollen Schwertträger kaufen. Diese Fische werden etwa 8 cm lang. Wie viele Schwertträger können im Aquarium der Klasse höchstens untergebracht werden? Wie teuer ist das (jeder Jungfisch kostet 1,50 €)?

Regel:
Auf 1 cm Fischlänge kommt 1 *l* Wasser.

7. Schließlich kaufen die Schülerinnen und Schüler eine Pumpe mit Filteranlage und Luftschlauch, eine Heizröhre und das Abdeckglas mit Beleuchtung. Wie teuer wird dieses Zubehör?

Abdeckglas mit Beleuchtung 26,- €
Heizröhre 9,90 €
Filteranlage, Luftschlauch 12,50 €
Pumpe 12,50 €

8. Stelle einen Kostenplan auf für die Gesamtkosten. Wie viel muss jedes Kind für das Aquarium bezahlen (30 Schülerinnen und Schüler)?

Kostenplan
1. Nährboden
2. Kies
3. Pflanzen
4. Fische
5. Zubehör

8 Flächeninhalt und Volumen

Flächeninhalt und Umfang

des Rechtecks   des Quadrats

$A = a \cdot b$ $A = a \cdot a$
$u = 2 \cdot a + 2 \cdot b$ $u = 4 \cdot a$

1. Berechne den Flächeninhalt und den Umfang des Rechtecks.
   a) $a = 6$ cm, $b = 11$ cm   b) $a = 7$ cm, $b = 12$ cm
   c) $a = b = 15$ cm   d) $a = b = 25$ dm

2. Berechne das Volumen.

   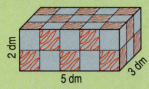

Volumen des Quaders

V = Volumen einer Schicht mal Anzahl der Schichten

3. Sarah möchte eine Spielkiste in Form eines Würfels haben. Ihr Vater schlägt vor, eine würfelförmige Kiste mit der Kantenlänge 30 cm zu bauen. Kann Sarah dann genauso viel unterbringen wie in der quaderförmigen Kiste aus Aufgabe 2?

4. a) Berechne die Oberfläche der würfelförmigen Spielkiste aus Aufgabe 3.
   b) Berechne die Oberfläche der Kiste aus Aufgabe 2.

Oberfläche des Quaders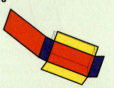

O = Summe der Flächeninhalte aller 6 Flächen des Quaders

5. Eine rechteckige Schonung ist 900 m lang und 2 000 m breit. Berechne den Flächeninhalt.
   a) in m^2 b) in a   c) in ha   d) in km^2

6. Rechne um in cm^3.
   a)   4 dm^3 b)   5 000 mm^3 c)   750 mm^3
       27 dm^3 34 000 mm^3 60 mm^3
       0,5 dm^3 800 mm^3 9 mm^3

Flächenmaße
$1\ m^2 = 100\ dm^2$
$1\ a\ \ = 100\ m^2$
$1\ ha = 100\ a$
$1\ km^2 = 100\ ha$

7. Berechne das Volumen eines Würfels mit 50 cm Kantenlänge.
   Gib das Volumen in l und hl an.

8. Gib die Flüssigkeitsmenge in l, ml und dm^3 an.

Volumenmaße
$1\ cm^3 = 1\ 000\ mm^3$
$1\ dm^3 = 1\ 000\ cm^3$
$1\ m^3\ = 1\ 000\ dm^3$

9. Wie viele Mülltonnen werden ungefähr benötigt, um 1 m^3 Restmüll zu beseitigen? (Eine Mülltonne fasst 240 l.)

Hohlmaße
$1\ l\ \ = 1\ dm^3 = 1\ 000\ cm^3$
$1\ ml = 1\ cm^3$
$1\ l\ \ = 1\ 000\ ml$
$1\ hl = 100\ l$
$1\ m^3 = 1\ 000\ l$

10. Janina mischt aus 2 l Wasser und $\frac{1}{2}$ l Himbeersirup ein Getränk. Wie viele Gläser zu je 250 ml können sie und ihre Freundinnen davon trinken?

Testen, Üben, Vergleichen
8 Flächeninhalt und Volumen

1. Das quadratische Flachdach einer Laube muss erneuert werden.
   a) Wie viel m² Holz müssen gekauft werden, wenn die Seitenlänge 3 m beträgt?
   b) Der gepflasterte Boden soll ringsum neu befestigt werden. Für wie viel m müssen Holzpflöcke besorgt werden? (Auch die Bodenplatte ist quadratisch mit der Seitenlänge 3 m.)

2. Gib in l an.
   a) 9 hl / 15 hl
   b) 3 m³ / 7 m³
   c) 35 m³ / 170 m³
   d) $\frac{1}{2}$ hl / $10\frac{1}{2}$ hl
   e) $\frac{1}{4}$ hl / $\frac{1}{10}$ hl
   f) $\frac{1}{2}$ m³ / $5\frac{1}{2}$ m³

3. Frau Salzig schüttet fünf 250 ml-Becher Sahne in eine Rührschüssel. Wie viel l Sahne sind das?

4. Simon trinkt auf einer Wanderung eine Dose Limonade (0,5 l) und zwei Trinkpäckchen (je 0,2 l). Wie viel Flüssigkeit hat er zu sich genommen?

5. In einer Flasche Milch sind 0,5 l. Für ein Rezept werden 450 ml benötigt. Wie viel bleibt übrig?

6. Ein Baby trinkt zweimal täglich ein Fläschchen mit je 190 ml Fertigmilch. Ist die gesamte Menge mehr oder weniger als 0,5 l?

7. Wie viele 5 ml-Spritzen können aus einem Fläschchen mit 250 ml Inhalt gefüllt werden?

8. In die Tassen eines Kaffeeservices passen 200 ml Flüssigkeit.
   a) Wie viel Kaffee muss Frau Schnell kochen, damit jeder ihrer 6 Gäste 2 Tassen trinken kann?
   b) Frau Schnell ist sicher, dass es reicht, wenn sie ihre beiden 1-l-Kannen füllt.

9. Jede Flasche in der Kiste enthält 0,7 l Fruchtsaft. Wie viel l sind das insgesamt?

10. In einer Quiz-Sendung gewinnt Frau Merz 100 l Fruchtsaft. Wie viele der abgebildeten Kisten sind das, wenn in einer Flasche 0,7 l sind?

11. In einer Fabrik wird Kindershampoo abgefüllt. Wie viele Flaschen ergibt es?
    a) 1 hl in Flaschen zu je 500 ml.
    b) 1 hl in Flaschen zu je 200 ml.

12. Eine Waschmaschine verbraucht pro Waschgang 50 l. In einer Woche wäscht Frau Holzer im Durchschnitt 6 Maschinen Wäsche.
    a) Wie viel l Wasser verbraucht sie dann in 1 Woche?
    b) Gib den Wasserverbrauch pro Jahr in m³ an.

13. Drei gleichgroße Blumenkästen sollen die Fensterbänke der Klasse 6d schmücken. Die Kästen werden mit Blumenerde gefüllt. Reicht ein 20-l-Beutel?

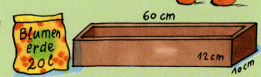

14. Flüssigdünger für Landwirte wird in würfelförmigen Behältern mit einer Kantenlänge von 1 m angeboten.
    a) Berechne die Flüssigkeitsmenge eines vollen Behälters in l.
    b) Wie oft kann ein Landwirt sein Spritzfass füllen, wenn dieses 500 l fasst und er drei Behälter gekauft hat?

Die Lösungen der TÜV-Seiten

Seite 22

1. a) 630 kg b) 1 370 kg c) 3 020 kg d) 570 kg

2. a) 34 € + 19 € + 28 € + 5 € = 86 €   b) 19 € + 14 € − 8 € − 4 € = 21 €

3.

	Billionen			Milliarden			Millionen			Tausend					
	H	Z	E	H	Z	E	H	Z	E	H	Z	E	H	Z	E
a)			3	4	0	0	3	6	0	0	0	0	0	0	0
b)					2	5	0	1	7	0	0	0	0	0	0
c)			2	0	0	6	0	5	1	0	0	0	0	0	0

4. a) 13 Mrd. 268 Mio. 700 T   Dreizehn Milliarden Zweihundertachtundsechzig Millionen Siebenhunderttausend
b) 960 Mio. 170 T   Neunhundertsechzig Millionen Einhundertsiebzigtausend
c) 5 Bio. 340 Mrd. 600 Mio.   5 Billionen dreihundertvierzig Milliarden sechshundert Millionen
d) 4 Mrd. 70 Mio. 13 T   Vier Milliarden siebzig Millionen dreizehntausend

5. a = 3 Mio.   b = 10 Mio.   c = 2 Mio.   d = 6 Mio.   e = 1 Mio.   f = 7 Mio.

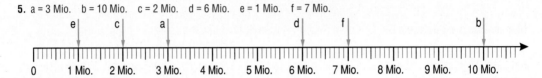

6. a = 3 Mrd.   b = 110 Mrd.   c = 250 Mrd.   d = 320 Mrd.   e = 570 Mrd.

7. 0,45 € kostet eine Flasche.

8. Alle Teiler von 15: 1, 3, 5, 15
Alle Teiler von 28: 1, 2, 4, 7, 14, 28
Alle Teiler von 42: 1, 2, 3, 6, 7, 14, 21, 42

9. Alle Vielfachen bis 240 von 8: 8, 16, 24, 32, 40, 48, 56, 64, 72, 80, 88, 96, 104, 112, 120, 128, 136, 144, 152, 160, 168, 176, 184, 192, 200, 208, 216, 224, 232, 240
Alle Vielfachen bis 240 von 12: 12, 24, 36, 48, 60, 72, 84, 96, 108, 120, 132, 144, 156, 168, 180, 192, 204, 216, 228, 240
Alle Vielfachen bis 240 von 20: 20, 40, 60, 80, 100, 120, 140, 160, 180, 200, 220, 240

10. a) ggT (15, 18) = 3   b) kgV (8, 10) = 40

11.

teilbar durch \ Zahl	690	252	1 180	705
2	x	x	x	−
3	x	x	−	x
5	x	−	x	x
10	x	−	x	−

12. 23, 29, 31, 37, 41, 43, 47

Seite 23

1. Überschlag: 7 € + 5 € + 9 € + 3 € + 3 € = 27 €   genau: 27,35 €

2. Eine Flasche kostet 0,30 €.

3. a) Hamburg: 1 700 000   b) Berlin: 3 500 000   c) München: 1 300 000

Die Lösungen der TÜV-Seiten

4. kgV (18, 24) = 72   Die Strecken sind mindestens 72 cm lang.

5. ggT (56, 72) = 8   Sie muss die Pfosten 8 cm hoch wählen.

6. kgV (10, 12) = 60   Nach 60 Minuten passieren sie gleichzeitig den Startpunkt.

7. Bei 40 cm x 40 cm, da 40 gemeinsamer Teiler von 320 und 480 ist.

8.

teilbar durch \ Zahl	a) 78 350	b) 1 737 284	c) 2 436 183	d) 719 864	e) 254 725	f) 518 100
2	x	x	–	x	–	x
3	–	–	x	–	–	x
5	x	–	–	–	x	x
10	x	–	–	–	–	x

9. Es sind 453 € in der Kasse. 151 Karten wurden verkauft.

10. Mehrere Lösungen sind möglich:
   a) 31**5**   b) 4 77**3** oder 4 77**9**   c) 3 8**1** oder 3 8**7**   d) 6 92**1** oder 6 92**7**

11. a) 1 360 oder 1 370   b) 85   c) 120   d) 97   e) 12 oder 18

12. a) z.B. 12 345 672 (Die Zahl muss durch 6 teilbar sein, aber nicht durch 5).
   b) z.B. 1 234 560
   c) 121 212

Seite 36

1. –   **2.** –   **3.** a) d = 16 cm   b) d = 10,6 cm   c) d = 9,4 cm

4. Hier keine Zeichnung: a) Zwei Schnittpunkte   b) 1 Berührpunkt   c) einen gemeinsamen Punkt

5. Hier keine Zeichnung: a) Die Geraden stehen senkrecht aufeinander.   b) Die Geraden stehen nicht senkrecht aufeinander.

6. a) α ist ein spitzer Winkel.   β ist ein stumpfer Winkel.
   b) α ist ein gestreckter Winkel.   β ist ein gestreckter Winkel.
   c) α ist ein stumpfer Winkel.   β ist ein stumpfer Winkel.
   d) α ist ein stumpfer Winkel.   β ist ein stumpfer Winkel.

7. α = 30°   **8.** –   **9.** Hier keine Zeichnung: α = 60°   **10.** 120°
   β = 60°
   δ = 90°

Seite 37

1. –   **2.** –   **3.** –   **4.** Hier keine Zeichnung: Mittelpunktswinkel: 36°

5. a) 26°   b) 135°   c) 10°   d) 17°   **6.** –

7. Hier keine Zeichnung: a) α = 31°   b) 5 m   **8.** a) 90°   b) 45°

9.
a) 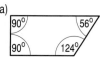   b) 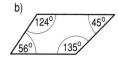   c) 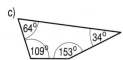   d)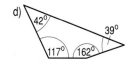

Die Lösungen der TÜV-Seiten

10. a) $\beta = \delta = 50°$ b) $\beta = \delta = 80°$ c) $\alpha = \gamma = 20°$ d) $\alpha = \beta = \gamma = \delta = 90°$
    $\gamma = \alpha = 130°$ $\alpha = \gamma = 100°$ $\beta = \delta = 160°$

11.

Seite 62

1. a) 20 €   b) 20 €   c) 7 €   d) 6 €   e) 60 €   f) 30 €

2. a) 6 m   b) 6 m   c) 12 m   d) 6 m   e) 15 m   f) 20 m

3. a) $1\frac{2}{3}$ b) $1\frac{1}{7}$ c) $1\frac{4}{5}$ d) $2\frac{3}{4}$ e) $4\frac{1}{4}$ f) $4\frac{1}{6}$ g) $9\frac{2}{3}$ h) $3\frac{4}{5}$

4. a) $\frac{5}{7}$ b) $\frac{1}{5}$ c) $\frac{14}{12} = 1\frac{2}{12}$ d) $\frac{7}{10}$ e) $\frac{7}{6} = 1\frac{1}{6}$ f) $\frac{4}{8}$

5. a) $3\frac{1}{3}$ b) $5\frac{3}{5}$ c) $6\frac{3}{7}$ d) $2\frac{3}{8}$ e) $6\frac{2}{7}$ f) $2\frac{1}{3}$

6. a) $\frac{1}{8}$ b) $2\frac{1}{3}$ c) $2\frac{4}{5}$ d) $4\frac{4}{3} = 5\frac{1}{3}$ e) $2\frac{8}{5} - \frac{4}{5} = 2\frac{4}{5}$ f) $3\frac{6}{4} = 4\frac{2}{4}$

7. a) 0,3   b) 0,17   c) 1,4   d) 2   e) 0,005   f) 2,73   g) 0,45   h) 12,3

8. a) $\frac{73}{100}$ b) $\frac{16}{10}$ c) $\frac{103}{100}$ d) $\frac{48}{1000}$ e) $\frac{14}{10} = \frac{7}{5}$ f) $\frac{7\,031}{1\,000}$

9. a) 1,6   b) 13,8   c) 9,4   10. a) 1,35   b) 2,08   c) 0,93
      8,0   7,5   8,4   5,43   13,53   0,05

11. a) 0,7   b) 1,1   c) 0,4   d) 2,9   e) 0,4   f) 3,1   g) 0,6   h) 1,8   i) 6,3

Seite 63

1. a) 4 €   b) 9 kg   c) 21 m   d) 60 cm   e) 27 €   f) 100 kg   g) 60 m   h) 24 €   i) 90 cm   j) 45 kg

2. a) $1\frac{2}{5}$ b) $1\frac{5}{8}$ c) $1\frac{7}{12}$ d) $5\frac{1}{4}$ e) 5   f) $8\frac{1}{6}$ g) $5\frac{1}{9}$ h) $8\frac{7}{10}$

3. a) $\frac{5}{7}$ b) $\frac{5}{8}$ c) $\frac{7}{12}$ d) $\frac{8}{9}$ e) $\frac{8}{10}$ f) $\frac{7}{8}$ 4. a) $\frac{2}{8}$ b) $\frac{2}{4}$ c) $\frac{2}{7}$ d) $\frac{5}{12}$ e) $\frac{6}{10}$ f) $\frac{3}{8}$

5. a) $5\frac{1}{3}$ b) $7\frac{1}{7}$ c) $3\frac{5}{6}$ d) $1\frac{1}{8}$ e) $3\frac{1}{6}$ f) $4\frac{2}{7}$ 6. a) $4\frac{2}{3}$ b) $5\frac{5}{7}$ c) $3\frac{5}{8}$ d) $2\frac{7}{10}$ e) $4\frac{3}{9}$ f) $2\frac{1}{5}$

7. a) $3\frac{7}{5} = 4\frac{2}{5}$ b) $1\frac{9}{7} = 2\frac{2}{7}$ c) $3\frac{7}{6} = 4\frac{1}{6}$ d) $2\frac{12}{9} = 3\frac{3}{9}$ e) $5\frac{6}{4} = 6\frac{2}{4}$ f) $3\frac{10}{8} = 4\frac{2}{8}$

8. a) $\frac{4}{7}$ b) $2\frac{3}{4}$ c) $1\frac{5}{4} - \frac{3}{4} = 1\frac{2}{4}$ d) $3\frac{9}{7} - \frac{5}{7} = 3\frac{4}{7}$ e) $2\frac{10}{8} - \frac{5}{8} = 2\frac{5}{8}$ f) $1\frac{6}{5} - \frac{3}{5} = 1\frac{3}{5}$

9. a) 0,7   b) 0,03   c) 0,39   d) 3,5   e) 0,284   f) 2,73

10. a) $\frac{9}{10}$ b) $\frac{4}{1000}$ c) $\frac{55}{1}$ d) $\frac{18}{10}$ e) $\frac{342}{100}$ f) $\frac{205}{100}$

11. a) 2,6 > 2,06   b) 2,06 < 2,07   c) 1,87 > 1,78   d) 5,060 < 5,061   12. a) 0,8   b) 9,7   c) 4,0   d) 3,5   e) 2,2   f) 9,4

13. a) 66,8   b) 115,79   c) 413,03   d) 33,79   e) 70,92   f) 168,57   14. a) 209,23   b) 151,16   c) 233,94   d) 532,028

15. a) 39,78   b) 143,49   c) 58,27   d) 488,64

16. a) Überschlag: 180 € + 50 € + 40 € = 270 €;   genau: 272,20 €
    b) Überschlag: 50 € + 60 € + 30 € = 140 €;   genau: 133,25 €

17. a) 15,20 €   b) 26,67 €

Die Lösungen der TÜV-Seiten

Seite 73

1.

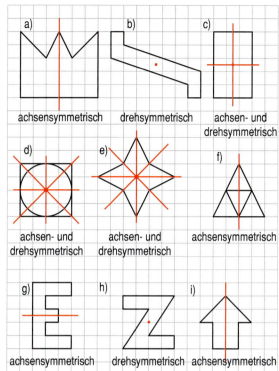

2. –   3. –   4. –

5.

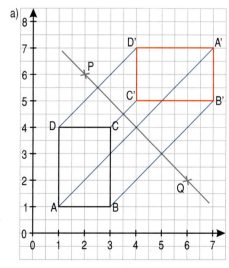
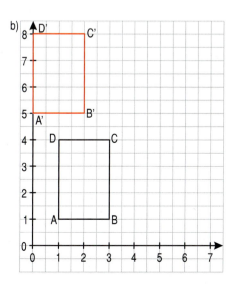

Die Lösungen der TÜV-Seiten

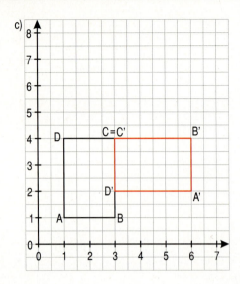

Seite 92

1. a) $\frac{6}{7}$ b) $\frac{40}{9} = 4\frac{4}{9}$ c) $\frac{17}{6} = 2\frac{5}{6}$ d) $\frac{6}{9} = \frac{2}{3}$ e) $\frac{22}{15}$ f) $\frac{42}{11}$ **2.** a) $\frac{22}{3} = 7\frac{1}{3}$ b) $\frac{39}{9} = 4\frac{3}{9} = 4\frac{1}{3}$ c) $\frac{68}{7} = 9\frac{5}{7}$

3. a) $\frac{5}{24}$ b) $\frac{2}{15}$ c) $\frac{1}{40}$ d) $\frac{2}{7}$ e) $\frac{5}{10}$ f) $\frac{2}{5}$ **4.** a) $\frac{9}{8} = 1\frac{1}{8}$ b) $\frac{7}{5} = 1\frac{2}{5}$ c) $\frac{11}{42}$ d) $\frac{4}{15}$ e) $\frac{1}{2}$ f) $\frac{14}{15}$

5. $\frac{7}{18}$ waren die Anteile groß.   **6.** a) 29,4 b) 13,12 c) 45,57 d) 109,9 e) 2,52 f) 14,35

7. a) 96,6 b) 612,5 c) 142,56 d) 13,49 e) 22,41 f) 16,64   **8.** 2,04 €   **9.** 27,17 € (gerundet auf Cent)

10. a) 1,14 b) 0,56 c) 3,24 d) 1,49 e) 0,35 f) 0,34

11. a) 0,67 b) 2,08 c) 0,15 d) 2,03 e) 0,29 f) 0,15

12. a) 0,5 b) 0,6 c) $0,\overline{6}$ d) $0,\overline{5}$ e) 0,75 f) $0,8\overline{3}$ g) 0,625 h) $0,\overline{857142}$ Periodisch sind c), d), f) und h).

13. a) 75% b) 21% c) 8% d) 8%   **14.** a) $\frac{10}{100} = 0,1$ b) $\frac{4}{100} = 0,04$ c) $\frac{30}{100} = 0,3$ d) $\frac{100}{100} = 1$

Seite 93

1. a) $\frac{12}{8} = 1\frac{4}{8} = 1\frac{1}{2}$ b) $\frac{25}{7} = 3\frac{4}{7}$ c) $\frac{6}{6} = 1$ d) $\frac{54}{10} = 5\frac{4}{10} = 5\frac{2}{5}$ e) $\frac{32}{15} = 2\frac{2}{15}$ f) $\frac{21}{12} = 1\frac{9}{12} = 1\frac{3}{4}$ g) $\frac{65}{2} = 32\frac{1}{2}$
h) $\frac{49}{4} = 12\frac{1}{4}$ i) $\frac{57}{5} = 11\frac{2}{5}$ j) $\frac{84}{3} = 28$ k) $\frac{147}{2} = 73\frac{1}{2}$ l) $\frac{66}{4} = 16\frac{2}{4} = 16\frac{1}{2}$

2. a) $\frac{3}{2} = 1\frac{1}{2}$ b) $\frac{2}{3}$ c) $\frac{1}{90}$ d) $\frac{1}{5}$ e) $\frac{1}{14}$ f) $\frac{1}{10}$ g) $\frac{9}{24} = \frac{3}{8}$ h) $1\frac{11}{32}$ i) $\frac{17}{56}$ j) $\frac{13}{4} = 3\frac{1}{4}$ k) $\frac{23}{6} = 3\frac{5}{6}$ l) $\frac{3}{5}$

3. a) $\frac{3}{8} \cdot 7 = \frac{21}{8}$ b) $\frac{4}{3} \cdot 6 = \frac{24}{3}$ c) $\frac{7}{10} \cdot 9 = \frac{63}{10}$ d) $\frac{9}{12} \cdot 5 = \frac{45}{12}$

4. a) $\frac{4}{7} : 7 = \frac{4}{49}$ oder $\frac{4}{7} : 14 = \frac{2}{49}$ oder $\frac{4}{7} : 28 = \frac{1}{49}$ b) $\frac{7}{11} : 6 = \frac{7}{66}$ oder $\frac{7}{11} : 42 = \frac{1}{66}$
c) $\frac{3}{4} : 9 = \frac{3}{36}$ oder $\frac{3}{4} : 27 = \frac{1}{36}$ d) $\frac{4}{5} : 8 = \frac{4}{40}$ oder $\frac{4}{5} : 16 = \frac{2}{40}$ oder $\frac{4}{5} : 32 = \frac{1}{40}$

5. $\frac{1}{100} = 0,01$; $\frac{1}{2} = 0,5$; $\frac{1}{2} = 50\%$; $\frac{3}{4} = 0,75$; $\frac{1}{3} = 0,\overline{3}$; $\frac{1}{10} = 0,1$; $\frac{1}{5} = 0,2$; $\frac{1}{4} = 0,25$; $\frac{3}{4} = 75\%$; $\frac{12}{100} = 12\%$; $\frac{2}{3} = 0,\overline{6}$; $\frac{8}{100} = 8\%$

Die Lösungen der TÜV-Seiten

6.

	a)	b)	c)	d)
Überschlag	6 € · 9 = 54 €	4 € · 7 = 28 €	15 € · 12 = 180 €	23 € · 21 = 483 €
genau	56,25 €	31,43 €	178,68 €	492,45 €

	e)	f)	g)	h)
Überschlag	35 € : 7 = 5 €	76 € : 4 = 19 €	60 € : 10 = 6 €	13 € : 13 = 1 €
genau	5,37 €	18,54 €	6,15 €	0,76 €

7. 14,75 € pro Buch   **8.** 63,5 km pro Schulwoche   **9.** 213 € pro Person, 5 € bleiben übrig (genau: 213,$\overline{83}$ €).

10. a) 0,03   b) 0,587   c) 0,004   d) 0,6775   e) 0,115   f) 0,03
g) 0,604   h) 0,305   i) 0,2   j) 0,452

11. a) 2,85 €   b) 1,64 m   c) 4,212 kg   d) 0,76 m   e) 0,03 m   f) 1,67 €
g) 1,16 m   h) 0,700 kg   i) 1,93 m   j) 0,17 m

12. a) 927,35 €   b) 463,68 €

13. a) 4,6 €   b) 28 m   c) 43,6 kg   d) 0,85 €   e) 0,09 m   f) 84 €
g) 88 kg   h) 1 820 €   i) 20 kg   j) 210 m   k) 900 €   l) 1 800 kg

Seite 101

1. –   **2.** –

3. a) Die unsichtbaren Kanten sind nicht gestrichelt.
b) Die senkrecht nach hinten laufenden Kanten sind nicht in halber Länge gezeichnet.
c) Parallele Kanten sind nicht parallel gezeichnet. Die Kante hinten rechts verläuft nicht senkrecht.

4. –   **5.** –   **6.** a), c) lassen sich **nicht** herstellen.
b), d) lassen sich herstellen.

7. Aus a), b), d), e) und f) lassen sich **keine** Würfel falten.

8.
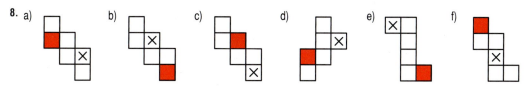

9.
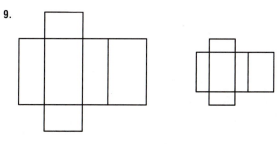

Die Lösungen der TÜV-Seiten

Seite 114

1. Hier ohne Zeichnung: a) $\frac{3}{4} = \frac{9}{12}$ b) $\frac{6}{9} = \frac{2}{3}$

2. a) $\frac{5}{15}$ b) $\frac{12}{20}$ c) $\frac{6}{8}$ d) $\frac{8}{12}$ e) $\frac{80}{100}$

3. a) $\frac{2}{5}$ b) $\frac{2}{5}$ c) $\frac{2}{5}$ d) $\frac{5}{9}$ e) $\frac{4}{5}$

4. a) $\frac{4}{10} = 0{,}4$ b) $\frac{34}{100} = 0{,}34$ c) $\frac{5}{10} = 0{,}5$ d) $\frac{25}{100} = 0{,}25$ e) $\frac{3}{4} = \frac{75}{100} = 0{,}75$

5. a) $\frac{25}{100} = 0{,}25 = 25\%$ b) $\frac{30}{100} = 0{,}30 = 30\%$ c) $\frac{35}{100} = 0{,}35 = 35\%$ d) $\frac{48}{100} = 0{,}48 = 48\%$ e) $\frac{66}{100} = 0{,}66 = 66\%$

6. a) $1 : 3 = 0{,}333\ldots \approx 0{,}33 = 33\%$ b) $5 : 6 = 0{,}833\ldots \approx 0{,}83 = 83\%$
   c) $4 : 9 = 0{,}444\ldots \approx 0{,}44 = 44\%$ d) $7 : 8 = 0{,}875\ldots \approx 0{,}88 = 88\%$
   e) $4 : 7 = 0{,}571\ldots \approx 0{,}57 = 57\%$

7. a) $\frac{6}{8} > \frac{5}{8}$ b) $\frac{2}{3} > \frac{1}{3}$ c) $\frac{8}{12} < \frac{9}{12}$ d) $\frac{3}{5} < \frac{4}{5}$ e) $\frac{18}{30} < \frac{25}{30}$ f) $\frac{15}{24} < \frac{16}{24}$

8. $\frac{3}{10} = 0{,}3$, $\frac{2}{5} = 0{,}4$. $\frac{2}{5}$ wäre günstiger.

9. a) $\frac{5}{6}$ b) $\frac{14}{15}$ c) $\frac{13}{12} = 1\frac{1}{12}$

10. a) $\frac{3}{8}$ b) $\frac{3}{6} = \frac{1}{2}$ c) $\frac{1}{10}$

11. a) $\frac{11}{12}$ b) $\frac{3}{10}$ c) $\frac{9}{20}$ d) $\frac{17}{24}$ e) $\frac{9}{10}$ f) $\frac{7}{12}$

Seite 115

1. a) $\frac{1}{2} = \frac{3}{6}$ b) $\frac{3}{4} = \frac{6}{8}$ c) $\frac{9}{12} = \frac{3}{4}$ d) $\frac{4}{10} = \frac{2}{5}$

2. a) $\frac{6}{9}$ b) $\frac{12}{20}$ c) $\frac{3}{4}$ d) $\frac{5}{8}$ e) $\frac{85}{100}$ f) $\frac{4}{5}$

3. a) $\frac{2}{3}$ b) $\frac{4}{5}$ c) $\frac{2}{5}$ d) $\frac{1}{2}$ e) $\frac{3}{4}$ f) $\frac{2}{3}$ g) $2\frac{3}{5}$ h) $1\frac{2}{5}$

4. a) $\frac{65}{100} = 0{,}65 = 65\%$ b) $\frac{16}{100} = 0{,}16 = 16\%$ c) $\frac{70}{100} = 0{,}70 = 70\%$ d) $\frac{70}{100} = 0{,}70 = 70\%$
   e) $\frac{25}{100} = 0{,}25 = 25\%$ f) $\frac{60}{100} = 0{,}60 = 60\%$ g) $\frac{3}{4} = \frac{75}{100} = 0{,}75 = 75\%$ h) $\frac{80}{100} = 0{,}80 = 80\%$

5. a) $2 : 3 = 0{,}666\ldots \approx 0{,}67$ b) $5 : 12 = 0{,}416\ldots \approx 0{,}42$
   c) $6 : 7 = 0{,}857\ldots \approx 0{,}86$ d) $8 : 11 = 0{,}727\ldots \approx 0{,}73$
   e) $5 : 6 = 0{,}833\ldots \approx 0{,}83$ f) $7 : 9 = 0{,}777\ldots \approx 0{,}78$
   g) $5 : 8 = 0{,}625\ldots \approx 0{,}63$ h) $13 : 15 = 0{,}866\ldots \approx 0{,}87$

6. a) $\frac{4}{10} = \frac{2}{5}$ b) $\frac{55}{100} = \frac{11}{20}$ c) $\frac{80}{100} = \frac{4}{5}$ d) $\frac{32}{100} = \frac{8}{25}$ e) $\frac{15}{100} = \frac{3}{20}$ f) $\frac{60}{100} = \frac{3}{5}$ g) $\frac{10}{100} = \frac{1}{10}$ h) $\frac{75}{100} = \frac{3}{4}$

7. a) 4 Eiskugeln b) $\frac{1}{3}$ Pizza

8. a) $\frac{1}{5} > \frac{1}{7}$ b) $\frac{1}{6} < \frac{1}{4}$ c) $\frac{1}{10} < \frac{1}{5}$ d) $\frac{7}{9} < \frac{7}{8}$ e) $\frac{2}{3} > \frac{2}{5}$ f) $\frac{3}{10} < \frac{3}{7}$

9. a) $\frac{3}{5} > \frac{1}{2}$, $\frac{4}{9} < \frac{1}{2}$ b) $\frac{3}{7} < \frac{1}{2}$, $\frac{5}{8} > \frac{1}{2}$ c) $\frac{7}{10} > \frac{1}{2}$, $\frac{3}{8} < \frac{1}{2}$
   also $\frac{3}{5} > \frac{4}{9}$ also $\frac{3}{7} < \frac{5}{8}$ also $\frac{7}{10} > \frac{3}{8}$
   d) $\frac{3}{4} > \frac{1}{2}$, $\frac{2}{5} < \frac{1}{2}$ e) $\frac{5}{12} < \frac{1}{2}$, $\frac{8}{15} > \frac{1}{2}$ f) $\frac{4}{7} > \frac{1}{2}$, $\frac{5}{11} < \frac{1}{2}$
   also $\frac{3}{4} > \frac{2}{5}$ also $\frac{5}{12} < \frac{8}{15}$ also $\frac{4}{7} > \frac{5}{11}$

10. a) $\frac{21}{35} > \frac{20}{35}$ b) $\frac{5}{20} < \frac{6}{20}$ c) $\frac{36}{45} > \frac{35}{45}$ d) $\frac{35}{60} < \frac{36}{60}$ e) $\frac{16}{22} > \frac{9}{22}$ f) $\frac{1}{4} < \frac{3}{4}$

Die Lösungen der TÜV-Seiten

11. a) $\frac{5}{8}$ b) $\frac{3}{10}$ c) $\frac{3}{6} = \frac{1}{2}$ d) $\frac{21}{20} = 1\frac{1}{20}$ e) $\frac{7}{12}$ f) $\frac{9}{20}$

12. a) $\frac{5}{6}$ b) $\frac{13}{12} = 1\frac{1}{12}$ c) $\frac{4}{15}$ d) $\frac{3}{10}$ e) $\frac{19}{15} = 1\frac{4}{15}$ f) $\frac{5}{24}$

13. a) $1\frac{2}{4} + \frac{3}{4} = 1\frac{5}{4} = 2\frac{1}{4}$ b) $2\frac{6}{8} - \frac{2}{8} = 2\frac{4}{8} = 2\frac{1}{2}$

c) $3\frac{5}{6} - \frac{2}{6} = 3\frac{3}{6} = 3\frac{1}{2}$ d) $4\frac{2}{8} + 1\frac{3}{8} = 5\frac{5}{8}$ e) $2\frac{7}{8} - 1\frac{2}{8} = 1\frac{5}{8}$

f) $4\frac{2}{10} + 1\frac{3}{10} = 5\frac{5}{10} = 5\frac{1}{2}$

14. a) $2\frac{3}{8}$ lautet die Zahl.   b) $2\frac{11}{10} = 3\frac{1}{10}$ lautet die Zahl.

Seite 132

1. a) A = 66 cm²   b) A = 84 cm²   c) A = 225 cm²   d) A = 625 dm²   **2.** V = 30 dm³
u = 34 cm   u = 38 cm   u = 60 cm   u = 100 dm

3. V = 27 000 cm³ = 27 dm³   27 dm³ < 30 dm³
Nein, sie kann nicht so viel, wie in der Kiste in Aufgabe 2 unterbringen.

4. a) O = 5 400 cm² = 54 dm²   b) O = 62 dm²

5. a) A = 1 800 000 m²   b) A = 18 000 a   c) A = 180 ha   d) A = 1,8 km²

6. a) 4 000 cm³   b) 5 cm³   c) 0,75 cm³   **7.** V = 125 000 cm³ = 125 l = 1,25 hl
27 000 cm³   34 cm³   0,06 cm³
500 cm³   0,8 cm³   0,009 cm³

8. a) 0,25 l = 250 ml = 0,25 dm³   b) 0,75 l = 750 ml = 0,75 dm³   c) 1,2 l = 1 200 ml = 1,2 dm³
d) 1,7 l = 1 700 ml = 1,7 dm³   e) 2,5 l = 2 500 ml = 2,5 dm³

9. 1 m³ = 1000 l Etwas mehr als 4 Mülltonnen (4,1$\overline{6}$ Tonnen).

10. Insgesamt sind das $2\frac{1}{2}$ l = 2 500 ml Getränk. Sie kann 10 Gläser damit füllen.

Seite 133

1. a) 9 m² müssen gekauft werden.
b) Für 12 m müssen Holzpflöcke besorgt werden.

2. a) 900 l b) 3 000 l c) 35 000 l d) 50 l e) 25 l f) 500 l
1 500 l 7 000 l 170 000 l 1 050 l 10 l 5 500 l

3. 1 250 ml = 1,25 l Sahne sind das.

4. 0,9 l hat er zu sich genommen.

5. 50 ml bleiben übrig.

6. Weniger: 2 · 190 ml = 380 ml < 500 ml = 0,5 l.

7. 50 Spritzen können gefüllt werden.

8. a) 2 400 ml = 2,4 l b) Nein, das reicht nicht. Sie hat dann nur 2 l.

9. 8,4 l sind das insgesamt.

Die Lösungen der TÜV-Seiten

10. Das sind ungefähr 12 Kisten (genau 11,9 ... Kisten).

11. a) 200 Flaschen   b) 500 Flaschen

12. a) 300 l b) 15 600 l = 15,6 m³

13. Ein Kasten: V = 7 200 cm³ = 7,2 l
Drei Kästen: V = 7,2 l · 3 = 21,6 l
Ein 20-l-Beutel Blumenerde reicht nicht.

14. a) 1 m³ = 1 000 l b) 3 000 l : 500 l = 6.   6-mal kann er es füllen.

Stichwortverzeichnis

Achsensymmetrie 73
achsensymmetrisch 66, 67

Brüche 108
Bruchteil 62
Bruchteil eines Ganzen 42

Dezimalbruch 52, 53, 56, 62, 107, 114
Drehpunkt 69, 73
Drehsymmetrie 73
drehsymmetrisch 69
Drehung 69
Drehwinkel 69, 73
Dreiecksschachtel 100
Durchmesser 26
Durchschnitt 87

Einheit 22
Endstellenregel 19
Erweitern 105, 114

Flächeninhalt
 – Quadrat 118, 132
 – Rechteck 118, 132
Flächenmaß 132

gemeinsame Teiler 18
gemeinsame Vielfache 18
gemischte Zahl 47, 62
gestreckter Winkel 31, 36
Grad 30
große Zahlen 22
Größen 14

Hektoliter 129
Hundertstel 53

Kegel 94
Kopfrechnen 8
Körper 101
Kreis 26, 36
Kugel 94
Kursbestimmung 35
Kürzen 105, 114

Liter 129

Maße für Flüssigkeiten 132
Maßstab 12
Milliliter 129
Mittelpunkt 26, 36
Mittelwert 87

Nenner 42
Netz 101

Oberfläche Quader 124, 132

Primzahl 20, 22
Prisma 94
Prozentschreibweise 90, 92, 107, 114
punktsymmetrisch 70
Pyramide 94
Pyramidenschachtel 100

Quader 94
 – Oberfläche 124, 132
 – Volumen 123, 132
Quadernetz 99
Quadrat
 – Flächeninhalt 118
 – Umfang 119
Quersummenregel 19

Radius 26, 36
rechter Winkel 30, 31, 36
Rechteck
 – Flächeninhalt 118
 – Umfang 119
runden 9, 22
Rundungsregel 62

Schachtel 100
Schattenbilder 95
Scheitelpunkt 30, 36
Schenkel 30, 36
Schrägbild 96, 101
Spiegeln 73
spitzer Winkel 31, 36

Stammbrüche 40, 62
Steigungswinkel 34
Stellenwerttafel 53
Streifenmuster 71, 73
stumpfer Winkel 31, 36
Symmetrieachsen 66, 67, 73

Teilbarkeit 19, 22
Teiler 18, 22

Überschlag 9
Überschlagsrechnung 22
Umfang
 – Quadrat 119, 132
 – Rechteck 119, 132

Verfeinern 104, 114
vergleichen 108
Vergröbern 104, 114
verschieben 71
Verschiebung 73
Vielfache 18, 22
Vollwinkel 31, 36
Volumen 122
Volumen
 – Quader 123, 124, 132
Volumenmaß 132

Winkel 30, 32, 33, 34, 36
Winkel
 – rechter 30, 31, 36
 – gestreckter 31, 36
 – spitzer 31, 36
 – stumpfer 31, 36
Winkelarten 36
Würfel 94
Würfel-Schrägbild 96
Würfelnetz 98

Zahlenstrahl 12, 22, 54
Zähler 42
Zehntel 53
Zylinder 94

Maßeinheiten

Kilometer	Meter	Dezimeter	Zentimeter	Millimeter
1 km =	1 000 m			
	1 m =	10 dm =	100 cm =	1 000 mm
		1 dm =	10 cm =	100 mm
			1 cm =	10 mm

Quadratkilometer	Hektar	Ar	Quadratmeter
1 km² =	100 ha =	10 000 a	
	1 ha =	100 a =	10 000 m²
		1 a =	100 m²

Quadratmeter	Quadratdezimeter	Quadratzentimeter	Quadratmillimeter
1 m² =	100 dm² =	10 000 cm²	
	1 dm² =	100 cm² =	10 000 mm²
		1 cm² =	100 mm²

$$1 \text{ dm}^3 = 1\ l$$

Kubikmeter	Kubikdezimeter	Kubikzentimeter	Kubikmillimeter
1 m³ =	1 000 dm³		
	1 dm³ =	1 000 cm³	
		1 cm³ =	1 000 mm³

Hektoliter	Liter	Zentiliter	Milliliter
1 hl =	100 l		
	1 l =	100 cl =	1 000 ml
		1 cl =	10 ml

Tonne	Kilogramm	Gramm	Milligramm
1 t =	1 000 kg		
	1 kg =	1 000 g	
		1 g =	1 000 mg

Tag	Stunde	Minute	Sekunde
1 d =	24 h		
	1 h =	60 min	
		1 min =	60 s